SCORPIO

Andrea Löhndorf

Kintsugi

Die Kunst, schwierige Zeiten
in Gold zu verwandeln

SCORPIO

Die in diesem Buch vorgestellten Informationen und Empfehlungen sind nach bestem Wissen und Gewissen geprüft. Dennoch übernehmen die Au-torin und der Verlag keinerlei Haftung für Schäden irgendwelcher Art, die sich direkt oder indirekt aus dem Gebrauch der hier beschriebenen Methoden ergeben. Bitte nehmen Sie bei ernsthaften Beschwerden immer professionelle Diagnose und Therapie durch ärztliche oder psychothera-peutische Hilfe in Anspruch.

MIX
Papier | Fördert gute Waldnutzung
FSC® C110508
FSC www.fsc.org

Der Umwelt zuliebe
- produzieren wir zu über 90 % in Deutschland
- achten wir auf kurze Transportwege
- drucken wir auf Papier aus nachhaltiger Waldwirtschaft und anderen kontrollierten Quellen

6. Auflage 2025
Originalausgabe

Umschlaggestaltung: Favoritbuero, München
Umschlagmotiv: © Stella/Getty Images
Layout und Satz: Danai Afrati, München
Druck und Bindung: Westermann Druck, Zwickau
ISBN 978-3-95803-235-4

Ansprechpartner für Produktsicherheit
Europa Verlage GmbH
Monika Roleff
Johannisplatz 15, 81667 München
Tel.: +49 (0)89 18 94 733-0
E-Mail: info@europa-verlag.com
www.scorpio-verlag.de

Inhalt

KINTSUGI –
DAS GOLDENE HANDWERK DES LEBENS 9
Kintsugi im eigenen Leben 15

1 WABI-SABI –
DIE SCHÖNHEIT DER UNVOLLKOMMENEN DINGE 23
Die Welt in einer Schale Tee 25
Nichts ist perfekt 31
Akzeptieren, was ist 33
Die eigene Geschichte neu schreiben 39
Die Schönheit des nicht Perfekten 45
Die Kraft des Selbstmitgefühls 52

2 ZEN –
DIE EINFACHHEIT DES SEINS 59
Eine Abenteuerreise ins Selbst 62
Ichi-go ichi-e – das Geschenk des Augenblicks 64
Innerlich zur Ruhe kommen 71
Das Schöne im Einfachen finden 79
Sich in den Drachen verwandeln 84

3 IKIGAI –
HERAUSFINDEN, WOFÜR ES SICH ZU LEBEN LOHNT 87
Ikigai bedeutet, mit Hingabe zu leben 90
Das Große im Kleinen finden 100
Sinn in schwierigen Zeiten 102

4 KAIZEN –
DIE CHANCE DER KLEINEN SCHRITTE 107
Der Mut, klein anzufangen 109
Große Veränderungen durch kleine Schritte 113
Sein Bestes geben 118

5 YUI MĀRU –
DIE KRAFT DER ZUGEHÖRIGKEIT 121
Verbundenheit macht stark 127
Geben macht glücklich 131

調和
WILLKOMMEN IM NEUEN LEBEN 141

Quellenverzeichnis 145

Die Welt zerbricht jeden, und nachher sind viele an den zerbrochenen Stellen stark.

ERNEST HEMINGWAY

金継ぎ

KINTSUGI

Das goldene Handwerk des Lebens

Da ist ein Riss, ein Riss in allem.
Das ist der Spalt, durch den das Licht einfällt.

LEONARD COHEN, »ANTHEM«

Die Suche nach einem guten Leben ist tief im Menschlichen verankert. Als Kinder träumen wir alle davon, eines Tages das perfekte Leben zu führen: mit harmonischen Beziehungen, erfüllenden Berufen, glücklichen Familien, wertschätzenden Freunden, aufregenden Abenteuern und Erfolgen. Wir sind zuversichtlich, dass wir das auch erreichen können, denn wir haben das sichere Gefühl, dass es uns zusteht. Doch irgendwann, früher oder später, nehmen wir hier und da feine Risse wahr, manche unserer Träume beginnen zu bröckeln, andere zerbrechen durch irgendein Ereignis gar ganz. Wir reagieren dann oft wütend: Das ist nicht fair! So habe ich mir das nicht vorgestellt! Das habe ich nicht verdient! Es fällt uns schwer zu akzeptieren, dass auf irgendeine Weise unser Leben nicht perfekt ist. Vor allem weil wir in unserer Zeit der Selbstoptimierung zusätzlich unter dem Druck stehen, nach außen die vollkommene Fassade aufrechtzuerhalten, weshalb wir den Schaden schamhaft verbergen.

Was wäre, wenn wir diese Narben, die uns das Leben hin und wieder zufügt, nicht mehr verstecken müssten? Wenn unsere Verletzlichkeit keine Schwäche darstellt, sondern eine Chance auf Wachstum und ein Zeichen innerer Stärke? Dies ist die Lehre von Kintsugi, einer alten japanischen Tradition, deren Ursprung vermutlich im 15. Jahrhundert liegt. Im engeren Sinne handelt es sich bei Kintsugi um ein Kunsthandwerk, das sich der Reparatur von Keramikgegenständen verschrieben hat; es wurzelt jedoch tief im Geist der japanischen Lebensphilosophien und hat viel über die Schönheit von Brüchen und nicht perfekten Dingen zu sagen.

Über die Entstehung von Kintsugi erzählt man sich in Japan folgende Geschichte:

Der achte Ashikaga-Shōgun Yoshimasa (1436–1490) verspürte wenig Neigung für die militärische Rolle, die ihm als Shōgun zukam, er war eher der Kunst, Literatur und Philosophie des Zen zugetan. Unter seiner Herrschaft erblühten die ehrwürdigen japanischen Traditionen des Ikebana, der Tuschemalerei und des No-Theaters, eine besondere Vorliebe entwickelte der Shōgun aber für die Teezeremonie. Als eine seiner liebsten Teeschalen zerbrach, war er deshalb so bestürzt, dass er diese nach China schicken ließ in der Hoffnung, dass die dortigen hochrangigen Keramiker sie wiederherstellen könnten. Als die Schale zurückkam, geriet er jedoch außer sich vor Wut, denn die Scherben der Schale waren einfach lieblos mit Metallklammern zusammengefügt worden. Daraufhin bat er die besten Kunsthandwerker Japans, eine andere Lösung zu finden. Und nach langem Experimentieren konnten diese ihm eine Schale präsentieren, die aus den Scherben der alten bestand, doch von ganz neuer, außergewöhnlicher Schönheit war. Die Bruchlinien waren mit einer besonderen Paste zusammengefügt, der reiner Goldpuder zugesetzt war. Anstatt die Risse zu verbergen, hatten die Keramiker sie sorgfältig zu feinen goldenen Linien veredelt und damit eine Schale geschaffen, die von größerer Kostbarkeit als die alte war. Der Shōgun war hocherfreut. Dies war die Geburtsstunde von Kintsugi.

Kin bedeutet golden, *tsugi* kann mit verbinden oder reparieren übersetzt werden; Kintsugi steht also für eine »goldene Verbindung« oder »goldene Reparatur«. Der Prozess des traditionellen Kintsugi ist durchaus aufwendig: Für die Herstellung der Klebepaste, des *urushi,* wird das Harz des ostasiatischen Lackbaums verwendet, und alle damit behandelten Gegenstände müssen bei Temperaturen knapp unter 30 Grad und bei sehr hoher Luftfeuchtigkeit in einer staubfreien Umgebung getrocknet werden. Die gesamte Prozedur dauert mehrere Wochen. Wenn man sie das erste Mal als Beobachter verfolgt, hat man anfangs eher Zweifel, ob daraus etwas Besonderes entstehen kann, denn erst ganz zum

Schluss wird auf die Urushi-Stellen der Goldpuder aufgetragen. Nach einer allerletzten Politur schließlich erstrahlt der Gegenstand – durchzogen von zarten, gewundenen goldenen Linien – in einer neuen, überraschenden Schönheit.

Kintsugi hat eine so bezaubernde Wirkung auf den Betrachter, weil es seinen Blick gerade auf die Stellen lenkt, an denen ein Gegenstand zerbrochen wurde, und gleichzeitig zeigt, dass dieser Bruch nicht das Ende bedeutet, sondern nur einen kleinen Schritt auf einer längeren Reise, die weitergeht. Der Gegenstand ist nicht mehr einer unter vielen (mochte er vorher auch noch so perfekt gewesen sein), sondern hat seine eigene, einzigartige Geschichte zu erzählen: von Brüchen und Heilung, von Verlust und Versöhnung, von Trennung und Neubeginn. Er wird auf diese Weise zu einem Symbol der Verletzlichkeit, der Kraft und der Schönheit – er ist durch Kintsugi noch kostbarer geworden. Der Überlieferung nach waren die Menschen des alten Japan von der neuen Kunst so begeistert, dass manche ihr Geschirr absichtlich zerschlugen, um es mithilfe von Kintsugi verschönern zu lassen.

Doch Kintsugi ist mehr als nur ein Kunsthandwerk; es ist ein poetisches Bild für den Prozess, den Menschen durchlaufen, wenn ihr Leben »auseinanderbricht«, wenn sie eine schmerzhafte Krise oder einen Verlust erleben und sich der Aufgabe stellen, die Scherben ihres alten Lebens aufzulesen und daraus ein neues Leben zu erschaffen – ein Leben, das, indem es den Schmerz integriert und verwandelt, noch erfüllter sein kann als das alte, das sie verloren haben. Das Bild ist deshalb so anrührend, weil es einen uralten Menschheitstraum quasi wie ein »Handwerk« möglich zu machen scheint: durch Wunden und Rückschläge zu wachsen und stärker zu werden, statt daran zu zerbrechen; und noch mehr Liebe und Wertschätzung für sich selbst, für andere und das Leben zu entwickeln.

Seitdem Menschen begonnen haben, sich Geschichten zu erzählen, berichten sie von dem Wandel, den ihre Helden erfahren, wenn sie alles verlieren, Drachen zu überwinden haben (und Schlimmeres) und am Ende ein Königreich gewinnen (oder zumindest ein sinnvolles und glückliches Leben). Ebenso wie die Alchemisten des frühen Mittelalters versuchten, mithilfe des Steins der Weisen aus unedlen Metallen Gold herzustellen, lässt uns unsere Hoffnung, dass wir die Wechselfälle des Lebens in etwas Wertvolles verwandeln können, in Krisen standhalten.

> Letzte Nacht träumte ich – selige Illusion –
> ich hätte einen Bienenkorb hier drinnen
> in meinem Herzen
> und die goldenen Bienen machten
> weiße Waben und süßen Honig
> aus meinen alten Misserfolgen.
>
> **ANTONIO MACHADO**

Seit ich das erste Mal von Kintsugi gehört habe, hat mich das Thema fasziniert. Was könnte es bedeuten, Kintsugi auf das eigene Leben anzuwenden? Das Bild eines Menschenlebens, durchzogen von feinen goldenen Linien, die seine nicht vollkommene, doch mit all seinen Brüchen bedeutsame und wertvolle Geschichte erzählen, hat etwas zutiefst Versöhnliches und Menschliches – und steht in krassem Gegensatz zu unserer auf Perfektion getrimmten, durchgestylten Hochglanzwelt, in der jeder Makel effizient eliminiert werden muss. Vielleicht ist es gerade deshalb an der Zeit, diese Lebenskunst für sich zu entdecken, um mehr inneren Frieden zu finden.

Kintsugi im eigenen Leben

Zum großen Puzzle des Lebens gehören Enttäuschung, Verlust, Krankheit, Trennung, Zurückweisung, Scheitern, Altern und Tod. Je nach Schwere des Ereignisses können wir kurzzeitige Frustration erfahren oder auch eine lange Phase des Trauerns erleben, sicher ist jedoch: Es schmerzt. Da wir Menschen und keine Roboter sind, werden wir diesem Schmerz nicht ausweichen können. Wir können ihn für eine gewisse Zeit verdrängen, indem wir uns ablenken, betäuben oder ihn mit großer Anstrengung unterdrücken, doch letztlich werden wir nicht darum herumkommen, ihn irgendwann zu spüren, ihn sozusagen »zu Ende zu fühlen«, denn diese Phase wird, wenn es sich nicht um sehr traumatische Erfahrungen handelt, irgendwann vorbeigehen.

Was sich aber zusätzlich zu diesem Schmerz über das Ereignis an sich gesellt, ist etwas, was der Arzt und Psychotherapeut Russ Harris »Realitätskluft« nennt. Mitten in unserem Leben, in dem wir uns eingerichtet haben, tut sich eine Kluft auf zwischen der Realität, die wir gehabt haben oder die wir uns wünschen, und der

Realität, mit der wir ungewollt konfrontiert werden. Es fühlt sich an, als würden wir aus einem Traum aufwachen und mit einem Mal erkennen, dass wir leider doch kein Favorit des Schicksals sind, sondern einfach nur ein Mensch, der scheitert, dem übel mitgespielt wird oder dem schwierige Dinge geschehen. Diese Realitätskluft ist wie eine Wunde, die sich in unserem Leben auftut.

> Die Wunde ist der Ort,
> wo das Licht in dich eintritt.
>
> RUMI

Häufig reagieren wir darauf mit großem Widerstand. Wir hadern vielleicht mit dem Gedanken: »Warum ich? Das Leben ist ungerecht.« Und wüten gegen ein Schicksal, das wir nicht begreifen. Das Leben ist tatsächlich oft nicht fair, es rechnet in einer Währung ab, die wir nicht verstehen: mit unverdientem Pech und unverdientem Glück. Dies widerspricht fundamental unserem starken Bedürfnis, alles, was uns widerfährt, zu kontrollieren. Schließlich haben wir uns Tag für Tag so sehr angestrengt, alles richtig zu machen, und dann passiert etwas derart Verstörendes. Vielleicht hegen wir auch selbstablehnende Gedanken wie »Ich bin es nicht wert, Liebe, Anerkennung und Glück zu erfahren«, empfinden Resignation und Hoffnungslosigkeit. Oder wir geben anderen die Schuld und sehen uns verbittert als Opfer ihrer Rücksichtslosigkeit und Gier. Möglicherweise empfinden wir aber auch einfach Angst und zweifeln daran, dass es einen guten Weg aus dieser Krise geben kann.

Kintsugi lehrt uns, diesem Widerstand, der angesichts solcher Krisen spontan in uns entsteht, nicht zu viel Raum zu geben, sondern offen, akzeptierend und mitfühlend zu reagieren – in dem Vertrauen darauf, dass der Bruch nicht das Ende bedeutet, sondern eine Station auf einer bedeutsameren Reise, die wir in der Situation selbst noch nicht ganz überschauen können. Jetzt gilt es, Pause zu machen und sich die Zeit zu nehmen, sich selbst in einer neuen Weise zu betrachten. Das Leben stellt in dieser Situation Fragen an uns, die uns helfen, unseren weiteren Weg neu zu gestalten: Was habe ich Gutes erreicht, und was möchte ich bewahren? Was ist wichtig für mich? Was fühlt sich falsch an? Was möchte ich nicht mehr erleben, und wovon möchte ich mehr in meinem Leben haben? Was ist mein Geschenk an die Welt? Gibt es etwas Neues, das ich ausprobieren und wagen möchte? Und wohin soll meine Reise jetzt gehen? Es ist diese Auseinandersetzung mit sich selbst, zu der jeder Bruch uns auffordert.

»Wer weiß, wofür es gut ist«, lautete einer der Lieblingssätze meiner Großmutter, die zwei Weltkriege und zwei dramatische Fluchten überstanden hat. Viele Menschen berichten, dass sich ihr Leben nach einer Krise tatsächlich entscheidend verbessert habe. Und auch die Psychologie weiß um den ungeahnten Wert von Brüchen; einer ihrer Gründerväter, C.G. Jung, der sich ausführlich mit östlichem Gedankengut beschäftigt hat, vertrat sogar den Standpunkt, dass sich die Persönlichkeit nicht deshalb entwickelt, weil sie den Nutzen erkennt, sondern nur aus purer Not. »Ohne

Leiden kein Glück«, brachte er seine unbequeme These auf den Punkt. Da Menschen dazu neigen, sich in ihrer Komfortzone einzurichten und sich Veränderungen gegenüber widerwillig zu zeigen, vermag nur der Zwang des inneren oder äußeren Schicksals sie in Bewegung zu versetzen. Wer gerade in einer persönlichen Krise steckt, den werden solche Überlegungen nicht wirklich trösten. Aus einiger Distanz betrachtet, können sie aber durchaus Hoffnung auf neue Perspektiven eröffnen.

> Ich möchte Sie, so gut ich es kann, bitten, Geduld zu haben gegen alles Ungelöste in Ihrem Herzen und zu versuchen, die Fragen selbst liebzuhaben wie verschlossene Stuben und wie Bücher, die in einer sehr fremden Sprache geschrieben sind ... Leben Sie jetzt die Fragen. Vielleicht leben Sie dann allmählich, ohne es zu merken, eines fernen Tages in die Antwort hinein.
>
> RAINER MARIA RILKE

Denn wenn die Dinge schon so sind, wie wir sie vorfinden – ob uns das gefällt oder nicht –, dann können wir auch den Versuch wagen, das Beste aus ihnen zu machen und sie bewusst zu gestalten. Kintsugi legt die Idee nahe, dass man mit dem Material seines Lebens umgehen kann wie ein Künstler. Françoise Gilot, Ex-Frau von Pablo Picasso und ebenfalls Malerin, schildert in ihrer Biografie *Die Frau, die Nein sagt,* wie sie damit umgeht, wenn sie sich vermalt hat: Wenn sie einen falschen Strich zieht oder Farbe zu dick aufgetragen hat, müssen diese Teil einer neuen Bildgestaltung werden. Sie werden in das Gemälde integriert und erhalten dabei eine neue Bedeutung. Die Malerin zieht Parallelen zum Leben: »Was gelebt wurde, bleibt und kann nicht weggewaschen werden. Es ist für immer ein Teil von dir, aber am Ende zählt das Ganze, das du daraus machst. Das Leben als Gesamtkunstwerk.«

Ich möchte Sie in diesem Buch einladen auf eine Reise tief hinein in die japanischen Lebenslehren, um zu erforschen, was Kintsugi bedeuten kann. Immer wieder werden wir dabei auch Ausflüge in die westliche Psychologie, Philosophie und Wissenschaft machen, die von jeher nach dem Gold des Kintsugi gesucht haben und manchmal eine Art »Übersetzung« der für uns zunächst doch sehr fremd anmutenden Lebenshaltungen bieten. Die Japaner haben die eigentümliche Neigung, gerade wenn es um die ganz wichtigen Themen der Lebenskunst geht, in Poesie, Symbolen oder Bildern zu sprechen, statt viele Worte zu machen. Diese Vorliebe ist selbst ein Spiegel ihrer Lebenshaltung: Das Eigentliche kann nicht in Worten ausgedrückt, sondern nur erfahren werden. Ich werde mich bemühen, den Zauber des Kintsugi nicht zu zerstören, wenn ich versuche, es auf eher westliche Art zu erklären und praktikable, anwendbare Handlungsschritte abzuleiten. Doch da die Kernbotschaft des Kintsugi darin besteht, dass in allem Unvollkommenen Schönheit gefunden werden kann, hoffe ich, dass Sie auch aus einem nicht perfekten Buch ein wenig Gold für Ihr eigenes Leben mitnehmen werden.

Jede dieser Lebenslehren – Wabi-Sabi, Zen, Ikigai, Kaizen, Yui Māru – hat zahlreiche, äußerst hilfreiche »Werkzeuge« im Angebot, die uns helfen, schwierige Zeiten nicht nur leichter durchzustehen, sondern im Sinne von Kintsugi positiv zu verwandeln. Es handelt sich dabei um heilsame Lebenshaltungen und geistige Herangehensweisen, die sich vielfach bewährt haben und deren Wirksamkeit zum Teil durch wissenschaftliche Studien belegt ist. Gemeinsam bilden sie die Grundausstattung für unsere ganz persönliche Kintsugi-Werkstatt, in der wir unser Leben »reparieren« und golden veredeln können.

Der Philosophie des Wabi-Sabi verdanken wir die ersten beiden Werkzeuge *Akzeptieren* und *Selbstmitgefühl,* die in schwierigen Zeiten für emotionale Stabilität und eine liebevolle, fürsorgliche Haltung uns selbst gegenüber sorgen. Aus der weiten, wunderbaren Welt des Zen stammen *Achtsamkeit, Stille* und *Einfachheit,* mit deren Hilfe wir unsere Gefühle beruhigen und Klarheit finden können, um Lösungen für unsere Probleme zu finden. Wenn wir uns mit der Vorstellung von Ikigai beschäftigen, suchen wir nach unserem ganz persönlichen *Sinn* beziehungsweise danach, *wofür es sich zu leben lohnt,* und das Konzept von Kaizen unterstützt uns, auf einem *Weg der kleinen Schritte* ins Handeln zu kommen. In Yui Māru schließlich geht es um *Zugehörigkeit,* um Gemeinschaft, Verbundenheit und ein heilsames Miteinander.

Die Auswahl, die hier getroffen wurde, ist naturgemäß persönlich, da Kintsugi in allererster Linie ein Bild, eine Metapher für einen Veränderungsprozess ist, die mit verschiedenen Inhalten gefüllt werden können. Jedoch ist die Auswahl alles andere als zufällig: Alle Werkzeuge zusammen bilden einen echten Survival-Kit in schwierigen Zeiten und werden zum Großteil von westlichen Krisenpsychologen empfohlen – auch wenn diese andere Begriffe verwenden. Was die vorliegende Kintsugi-Werkstatt von deren Empfehlungen jedoch unterscheidet, ist die enorme Kraft und Poesie des Bildes. So praktikabel und anwendbar »Methoden zur Krisenbewältigung« sein können, so viel motivierender wirken doch Bilder auf die Psyche.

Machen wir uns also jetzt auf die Reise ins Land der aufgehenden Sonne, um dort das Geheimnis von Kintsugi zu erforschen und unsere eigene kleine Reparaturwerkstatt einzurichten, wo wir unser Leben auf neue, goldene Weise gestalten können.

侘寂

1 WABI-SABI

Die Schönheit der unvollkommenen Dinge

Wie ein phosphoreszierender Stein,
der im Dunkel glänzt, aber bei Tageshelle
jeglichen Reiz als Juwel verliert,
so gibt es ohne Schattenwirkung keine Schönheit.

TANIZAKI JUN'ICHIRŌ

Kintsugi wurzelt in der Philosophie des Wabi-Sabi, einer Anschauung, die urtypisch für Japan ist und den Kern des fernöstlichen Schönheitsideals bildet. Jedem Japaner ist sie vertraut, nach einer Deutung gefragt, wird er aber vermutlich in Andeutungen, Bildern und Metaphern sprechen, denn Wabi-Sabi ist eher im Bereich des Empfindens beheimatet als im Intellekt.

Wabi bedeutete ursprünglich »Alleinsein« und bezog sich auf etwas Schlichtes, Natürliches, *sabi* verwies auf die Flüchtigkeit des Seins. Im Lauf der Zeit verschmolzen *wabi* und *sabi* miteinander und waren irgendwann nicht mehr voneinander zu trennen; wer heute »wabi« sagt, meint ebenso »sabi« und umgekehrt. Die Botschaft lautet: Nichts kann für immer perfekt sein, alles befindet sich in einem fortwährenden Wandel. Der Wabi-Sabi-Ansatz in der Kunst beinhaltet deshalb bewusst die Unvollkommenheit; er bringt Dinge hervor, die schlicht und natürlich sind und wie die Natur Asymmetrien aufweisen können. Im »Zen der Dinge«, wie Wabi-Sabi häufig umschrieben wird, geht es nicht darum, die offenkundige Schönheit, sondern die verhüllte Anmut zu entdecken: in der knorrigen Kiefer, im leicht angerosteten Teekessel, in einem faltigen Gesicht, im klagenden Kreischen von Möwen. Ein alter Tempel inmitten eines schlichten Gartens, das Dach mit Moos überwachsen – das wäre ein Bild, das dem Prinzip des Wabi-Sabi entspricht.

Wie entsteht ein solches Schönheitsideal, das unserer westlichen, von altgriechischen Maßstäben geprägten Ästhetik so grundlegend widerspricht – und erst recht unserer heutigen superoptimierten Designwelt? Lassen Sie uns eine Reise ins alte Japan machen, in eine ferne zauberhafte Welt, in der Zen-Mönche und bedeutende Teemeister eine Lebenshaltung entwickelten, die bis heute nicht aufgehört hat, Menschen zu inspirieren.

Die Welt in einer Schale Tee

Die Wurzeln des Wabi-Sabi liegen im Zen-Buddhismus, der im 12. Jahrhundert von China nach Japan gelangte und hier im 16. Jahrhundert seine Blüte erlebte. Wabi-Sabi spiegelt das Leben der Mönche und ihre Grundsätze der Schlichtheit, Bescheidenheit und stillen Freude wider – ebenso wie ihr Bewusstsein der Vergänglichkeit aller Dinge. Da sie ein Leben in Armut führten, richteten sie ihr Bestreben darauf, alles, was sie besaßen, in Achtsamkeit und Schönheit zu gestalten. Wenn etwas Schaden nahm, wurde es liebevoll repariert, Nachhaltigkeit wurde zu einem Ideal, weil es schlicht keine Alternative gab. Und so führte die Notwendigkeit verbunden mit Achtsamkeit und Respekt zu der Fähigkeit, auf eine subtile Weise Schönheit wahrzunehmen und zu schaffen. Vermutlich waren es diese Mönche, die in der Abgeschiedenheit ihrer Klöster als Erste Wabi-Sabi praktizierten.

Im Lauf der Zeit beeinflusste der Geist des Wabi-Sabi nahezu alle japanischen Kunstrichtungen, wie die Gartengestaltung, das Ikebana, die Poesie und die Keramik. Zur Meisterschaft geführt wurde er jedoch in der traditionellen japanischen Teezeremonie, die ebenfalls eigentümlich für Japan ist und nirgendwo sonst auf der Welt ein Pendant hat. Es war der Teemeister des Shōguns Yoshimasa – ebenjenes Tee liebenden Shōguns, auf dessen Auftrag hin Kintsugi entstanden sein soll –, der die Teezeremonie neu erfand, indem er den Pomp und Luxus verwarf, der sie vorher geprägt hatte, und die charakteristische Schlichtheit und meditative Stille einführte, mit der wir sie heute verbinden. Wenn der Teemeister Murata Shuko seine Schüler über die Teekunst belehren wollte, nannte er ihnen das Gedicht eines unbekannten chinesischen Dichters als Vorbild:

In den Wäldern drüben,
tief unter der Last des Schnees,
ist letzte Nacht
ein Pflaumenzweig erblüht.

Dass er seine Belehrungen in einem Gedicht statt in präzisen Anleitungen vermittelt, entspricht ebenjener japanischen Eigenart der nicht eindeutigen Botschaften, mit der wir Westler uns schwertun. In diesen Versen sind die Wabi-Sabi-Qualitäten ausgedrückt, die für die Teezeremonie gelten: Schlichtheit, Natürlichkeit, Stille und eine melancholische Schönheit, in der auch Hoffnung mitschwingt. Wabi-Sabi orientiert sich am zyklischen Wesen der Natur: In jedem Winter ist schon ein Schimmer des Frühlings vorhanden, wie sich auch im Sommer schon der Herbst ankündigt. Nichts in der Natur bleibt auf Dauer so, wie es ist, alles ist immer in Entwicklung begriffen.

Die Teezeremonie erfuhr ihre Blüte einige Jahrzehnte später durch den legendären Teemeister Sen no Rikyū (1522–1591). Der Sohn eines wohlhabenden Kaufmanns erlernte die Kunst bereits in früher Jugend, und schon im Alter von 15 Jahren genoss er das Ansehen eines Meisters des Teeweges. Unter den vielen Anekdoten, die man sich in Japan über ihn erzählt, erläutert eine insbesondere das Wesen von Wabi-Sabi:

Kirschblüten auf dem Hof

Rikyū war noch ein Junge und erlernte gerade erst die Teekunst, als sein Meister ihn aufforderte, den Hof vor dem Teeraum zu kehren, auf dem ein Kirschbaum in voller Blüte stand. Den Hof hatte der Meister selbst schon rein gekehrt, und so war kein Stäubchen darin zu entdecken. Doch Rikyū verstand sofort, was der Meister wollte, als er den Hof betrat. Er schüttelte den Baum ein wenig, und einige Blüten fielen auf den sorgfältig gekehrten Boden. Und der Meister erkannte, dass Rikyū seiner Kunst würdig war …

Ein perfekt gekehrter Hof würde zwar der Norm entsprechen, ist aber letztlich langweilig. Erst die wie zufällig auf den Boden gefallenen Blüten lassen Schönheit entstehen. Zwar keine dauerhafte Schönheit, denn die Blüten können jederzeit fortgeweht werden; für den Moment jedoch erzeugen sie auf schlichteste Weise den Eindruck kostbarer Anmut.

Der Feldherr Toyotomi Hideyoshi wurde auf den begabten jungen Teemeister aufmerksam und nahm ihn in seine Dienste. In dieser Eigenschaft begleitete Rikyū ihn sogar auf den Feldzügen gegen dessen Widersacher, und so wurde der feinsinnige Teemann, der sich nach einem stillen Leben im Geist des Wabi-Sabi sehnte, gegen seinen Willen immer mehr in politische Geschäfte hineingezogen. Vielleicht war das der Grund, dass seine Geschichte ein unglückliches Ende nahm: Er fiel bei Hideyoshi in Ungnade und erhielt den Befehl, Seppuku zu begehen, das heißt, sich auf rituelle, ehrenhafte Weise umzubringen. Trotz oder wegen dieses tragischen Ausgangs eines Lebens voller Poesie beflügelt die Gestalt Sen no Rikyūs noch heute japanische Künstler und Literaten.

In der Teekunst verbinden sich der Geist von Wabi-Sabi und Zen zu einem meditativen und ästhetischen Gesamtkunstwerk.

Die Teezeremonie ist ein Ritual, bei dem der Gastgeber einen Gast oder mehrere in einem kleinen Raum empfängt. Der Raum ist nahezu leer, nur ein sorgfältig zusammengestelltes Blumenarrangement und eine Bildrolle bieten Impulse. Indem so weit wie möglich auf Ausstattung verzichtet wird, wird die Fantasie beflügelt: So kann eine mit Wasser gefüllte Schale, auf dem einige Kirschblütenblätter treiben, die Vorstellung hervorrufen, der Teemeister und seine Gäste säßen unter einem voll erblühten Kirschbaum. Gemeinsam wird der Tee getrunken und vor allem achtsam *genossen*.

Der Teemeister vollführt seine hoch konzentrierten Bewegungen mit größter Aufmerksamkeit für die kleinsten Details. Jede seiner fließenden Gesten wird präzise ausgeführt, sei es beim Betreten des Teeraums, beim Grüßen oder beim Säubern der Teeschale. Während die Gäste ihn beobachten, geraten sie häufig in einen meditativen Zustand der Versenkung. Die Teezeremonie ist ein einzigartiges Ritual in stiller Bewegung, bei dem allen Dingen Respekt gezollt wird.

Die Schalen, die in Teezeremonien verwendet wurden, werden in Japan seit Jahrhunderten verehrt. Wenn Feldherren in der Schlacht erfolgreich waren, erhielten sie berühmte Teeschalen als symbolische Belohnung. Bekamen sie statt einer solchen Schale nur ein prächtiges Haus und Ländereien, sollen sie enttäuscht gewesen sein …

Eine weitere Anekdote aus dem Leben des Teemeisters Sen no Rikyū über eine zerbrochene Teedose beschreibt das Wesen des Wabi-Sabi ganz im Geist von Kintsugi.

Geschichte einer Teedose

Ein Teemann aus Sakai besaß eine erlesene Teedose, auf die er besonders stolz war. Eines Tages besuchte Rikyū ihn zu einer Teezeremonie, bei der diese Teedose ihren Einsatz fand. Rikyū jedoch zeigte sich nicht sonderlich beeindruckt und verließ das Haus, ohne ein Wort darüber zu verlieren. Der Besitzer der Teedose war so enttäuscht, dass er sie zerbrach; welchen Nutzen sollte eine Dose haben, die Rikyū nicht gefiel?

Ein Freund sammelte die Scherben auf und kittete sie so geschickt wieder zusammen, dass die neue Dose ihm ausgesprochen gut gefiel. Als er nun selbst Besuch von Rikyū erhielt und den Tee zubereitete, erkannte dieser sofort die Teedose wieder und sagte: »Diese Dose habe ich bereits anderswo gesehen. Jetzt ist sie wirklich ein vollendetes Stück Wabi-Sabi geworden.«

Die Geschichte geht noch weiter und endet damit, dass das gute Stück nach vielen diplomatischen Verwicklungen für zwei Ladungen Gold den Besitzer wechselt – und das alles für eine reparierte Teedose.

Nichts ist perfekt

Wabi-Sabi lehrt uns eine andere Art, die Welt zu sehen. Die Tiefe verberge sich in der Oberfläche, schrieb der österreichische Dichter Hugo von Hofmannsthal einmal, und dieser Satz beschreibt den Wabi-Sabi-Blick auf die Dinge. Jeder von uns kennt diesen Blick auf Gegenstände, die einen besonderen Wert für uns haben: die Ledertasche beispielsweise, die erst durch ihre Patina und Gebrauchsspuren Ausstrahlung bekommen hat und uns an die zahlreichen Reisen erinnert, auf denen wir sie dabeihatten; der Teddy, der x-mal genäht und repariert wurde und unsere ganze Kindheit über unser Favorit blieb; der Familienschmuck, längst aus der Mode gekommen, doch angefüllt mit Erinnerungen an wichtige Menschen in unserem Leben. Wenn wir diese Dinge anschauen, sehen wir in der Tat nicht nur ihre Oberfläche, sondern die Geschichten, die sich dahinter verbergen und die sie für uns wertvoll machen. Sie sind im besten Sinne vollkommen unvollkommen.

> Wabi-Sabi nährt alles, was authentisch ist, da es drei einfache Wahrheiten anerkennt: Nichts bleibt, nichts ist abgeschlossen, und nichts ist perfekt.
>
> RICHARD R. POWELL

Die Japanologin Beth Kempton beschreibt Wabi-Sabi als die Fähigkeit, mit dem Herzen zu sehen: In unserem liebevollen Blick auf die Dinge erhaschen wir einen Blick auf das Wesen des Lebens selbst und reagieren intuitiv darauf. Wir lernen, die Vergänglichkeit und Unvollkommenheit der Welt zu akzeptieren und wertzuschätzen. Wir lassen uns von Dingen berühren, mit denen wir täglich zu tun haben und die wir deshalb gar nicht mehr wirklich sehen. Wir betrachten sie, ohne sie verändern zu wollen, und können sie so lassen, wie sie sind. Wir begreifen, dass wir Teil eines Netzes aus vielen Verknüpfungen sind.

Ein solcher Blick auf die Welt ist nicht selbstverständlich, und wir müssen ihn ganz bewusst einnehmen. Im Tai Chi Chuan schließt man eine Bewegungsform ab, indem man sich ruhig im Stehen sammelt und bewusst die Art des Sehens verändert: Man lässt jeden Fokus los und öffnet seinen Blick weich für alles, was da ist, ohne irgendetwas besonders in Augenschein zu nehmen. Nach etwa einer Minute kehrt man zum normalen Sehen zurück. So in etwa stelle ich mir vor, bewusst seine Perspektive zu verändern. Wenn wir mit einer schwierigen Situation konfrontiert sind, tendieren wir dazu, unseren Fokus ständig darauf zu richten: Wenn wir einkaufen, denken wir an unser Problem; wenn wir uns mit Freunden treffen, sprechen wir über unser Problem; wenn wir spazieren gehen, nutzen wir die Gelegenheit, unser Problem noch einmal ausführlich von allen Seiten zu betrachten …

Indem wir unsere Aufmerksamkeit allein auf die schwierige Situation richten, lassen wir zu, dass sie unser ganzes Erleben ausfüllt. Um wieder Kraft zu gewinnen, müssen wir uns Raum geben für alles, was noch da ist und was uns nährt. Denn da ist niemals nur das Problem, da sind auch das neue Projekt, auf das wir gespannt sind, die Einladung von Freunden, über die wir uns freuen, die unerwartete Anerkennung, die uns gerade zuteilwurde. Indem wir unsere Perspektive erweitern und die schwierige Situation als Teil eines größeren Bildes sehen, der von all den positiven Dingen in unserem Leben eingerahmt wird, lösen wir das Problem zwar nicht, doch wir entspannen uns und sind leichter in der Lage, es zu akzeptieren. Und *Akzeptieren* ist das erste wichtige Werkzeug in unserer persönlichen Kintsugi-Werkstatt. Jeder Coach weiß, dass Änderungen nur möglich sind, wenn Schwierigkeiten akzeptiert worden sind. Andernfalls bleiben wir gefangen in unserem inneren Widerstand.

Akzeptieren, was ist

Vor vielen Jahren erkrankte eine Freundin an Krebs. Die Nachricht erschütterte mich tief: Wie konnte diese bösartige Krankheit ausgerechnet einen so positiven, einfühlsamen und hilfsbereiten Menschen wie sie treffen? Als wir uns das erste Mal nach der Diagnose trafen und ich noch hilflos nach Worten rang, um mein Mitgefühl auszudrücken und irgendwie Ermutigung und Hoffnung zu vermitteln, nahm sie mir den Wind aus den Segeln, indem sie sagte, dass sie sich die Frage »Warum gerade ich?« nie gestellt habe. Eher sei ihr die Frage in den Sinn gekommen: »Warum nicht ich?« Das hat mich damals sehr beeindruckt wie auch die Gefasstheit, mit der sie die Diagnose annehmen konnte.

Der Unterschied zwischen den Fragen »Warum gerade ich?« (alternativ: »Warum *immer* ich?«) und »Warum nicht ich?« besteht darin, dass Letztere aus der offenen, weiten und liebevollen

Perspektive der Akzeptanz gestellt wird. Ein Mensch, der eine solche Haltung einnimmt, sieht über das Ich hinaus und willigt vertrauensvoll ein in das Leben, wie es nun einmal ist: Es gibt uns nicht immer das, was wir uns wünschen, und fordert uns hin und wieder mit Geschehnissen heraus, auf die wir nicht im Traum gekommen wären. Und das gilt für jeden. Wenn es uns »erwischt«, haben wir häufig das Gefühl, als Einzige damit konfrontiert zu sein, denn wir alle meinen, Leute zu kennen, die dauerhaft das vollkommene Leben zu haben scheinen. Das ist jedoch eine schöne Illusion. Wie Wabi-Sabi lehrt: Nichts ist perfekt, und alles verändert sich immer. Wabi-Sabi zeigt aber auch – und in diesem Gedanken liegt viel Hoffnung: Nichts ist für immer abgeschlossen, und jede Geschichte geht weiter. Wie sich in einem dürren Zweig im Schnee schon das Frühlingsgrün verbirgt, so trägt jede Krise in sich schon den Samen für eine Weiterentwicklung, wie auch immer diese aussehen mag. Die Geschichte meiner Freundin ging in der Weise weiter, dass alle Behandlungen anschlugen und sie wieder vollständig gesund wurde.

> In drei Worten kann ich alles
> zusammenfassen, was ich über das Leben
> gelernt habe: Es geht weiter!
>
> ROBERT FROST

Die Natur zeigt uns, wie das Wabi-Sabi-Prinzip in der Praxis wirkt, denn sie akzeptiert alles. Wenn Wasser auf ein Hindernis trifft, fließt es darum herum. Bäume stemmen sich nicht gegen den Wind, sondern sie lassen sich von ihm wiegen. Und genau das macht ihre Stärke aus. Es geht darum, mitzugehen mit dem, was ist, egal, ob die Situation angenehm oder unangenehm ist, und im Fluss des Lebens zu bleiben.

Glück oder Unglück, wer weiß das schon

In einem Dorf lebte ein Bauer, der als wohlhabend galt, weil er ein kräftiges Pferd hatte, das ihm beim Pflügen half. Eines Tages brach es aus seiner Koppel aus und lief davon. Die Nachbarn bedauerten den Bauern angesichts dieses Unglücks, doch der Bauer sagte: »Glück oder Unglück, wer weiß das schon.«

Einige Tage später kehrte das Pferd zurück und brachte aus den Bergen zwei Wildpferde mit. Die Leute im Dorf riefen: »Welches Glück du doch hast«, doch der Bauer sagte: »Glück oder Unglück, wer weiß das schon.«

Am nächsten Tag versuchte der Sohn des Bauern, eines der Wildpferde zu reiten. Es warf ihn ab, und er brach sich beide Beine. Die Nachbarn bekundeten ihr Mitgefühl, doch der Bauer sagte nur: »Glück oder Unglück, wer weiß das schon.«

Es verging eine Woche, da wurden die Dorfbewohner eines Morgens von wildem Hufgetrappel aus dem Schlaf geschreckt. Soldaten des Herrschers waren gekommen, um jeden jungen Mann für den Krieg einzuziehen. Den Sohn des Bauern aber wollten sie wegen seiner gebrochenen Beine nicht haben. Und wieder kamen die Leute aus dem Dorf zum Bauern und gratulierten ihm zu seinem Glück, dass sein Sohn nicht in den Krieg ziehen müsse. Und was sagte der Bauer? »Glück oder Unglück, wer weiß das schon.«

Akzeptieren hat keinen besonders guten Ruf in unserer heutigen Gesellschaft. Wir wollen verändern, optimieren, kämpfen und Berge versetzen. Mit Sprüchen wie »Du kannst alles schaffen, wenn du nur willst« halten wir uns und einander bei der Stange. Und tatsächlich sind die Fortschritte in Technologie und Wissenschaft seit Jahrzehnten so rasant, dass die Menschen in den meisten westlichen Ländern ein angenehmeres, bequemeres, gesünderes und sichereres Leben führen können als alle Generationen jemals zuvor. Und so müsste es doch auch jedem Einzelnen von uns gelingen können, das eigene Leben bis in die kleinsten Details zu kontrollieren und zu optimieren – so die Theorie, von der viele Menschen ausgehen. Doch sosehr wir uns auch anstrengen, bleibt unser Einfluss auf die Wechselfälle des Lebens begrenzt. Und je mehr wir uns bemühen, unser Leben zu kontrollieren, umso mehr leiden wir, wenn sich das, was geschieht, unserer Kontrolle entzieht. Wenn wir uns dem Lauf des Lebens widersetzen, investieren wir unsere kostbare Energie in den Widerstand statt ins Handeln und erschöpfen uns.

> Nur weil du das, was du akzeptieren musst,
> nicht akzeptieren willst, quälst du dich.
>
> KŌDŌ SAWAKI

Akzeptieren wird deshalb zu Unrecht als Passivität, Aufgeben und Resignation verstanden. Es bedeutet einfach, den inneren Widerstand aufzugeben gegen das, was geschieht, und in sich Raum für ein Ja zu schaffen. Das setzt erst die Kräfte frei, die wir brauchen, um im Äußeren aktiv werden zu können und Dinge wirklich zu verändern. Selbst ein anfangs sehr kleines, leise zu uns selbst geäußertes »Ja« lässt uns effektiver handeln, als wenn wir im Widerstand verharren. Und das wiederum bedeutet: Wir können etwas akzeptieren – und danach immer noch Berge versetzen. Oder uns gegen Ungerechtigkeiten zur Wehr setzen. Oder die Scherben unseres bisherigen Lebens sorgfältig Stück für Stück zusammensetzen und mit Goldpuder zu einem neuen Kunstwerk veredeln.

Geschichten von Menschen, die Schicksalsschläge akzeptiert und positive Wege gefunden haben, sie produktiv in ihr Handeln umzusetzen, faszinieren uns nicht ohne Grund. Solche Kintsugi-Lebensläufe zeigen uns, was trotz widriger Umstände möglich ist. Einer von ihnen ist Nelson Mandela. Er zählt zu den großen

Persönlichkeiten des 20. Jahrhunderts, und jedes Kind kennt die Geschichte des Freiheitskämpfers, der 27 Jahre inhaftiert war und als Präsident die Abschaffung der Apartheid in Südafrika bewirkte. Wenige jedoch haben von dem Garten gehört, den Nelson Mandela im Hof des gefürchteten Gefängnisses von Robben Island anlegte. Während die anderen Insassen Spiele spielten, widmete sich Mandela dem schmalen Streifen Grün und zog Früchte und Gemüse, die er mit den anderen teilte. Im Internet lassen sich einige Fotos finden; die Gefängnismauer ist zu grau und hoch und feindselig, als dass die Bilder den Geist von Wabi-Sabi widerspiegeln würden, doch vermitteln sie eine seltsame Schönheit. Dieser Streifen Grün inmitten der Tristesse zeigt, wie Akzeptanz Schicksalsschläge in etwas Sinnvolles verwandeln kann.

> Das Größte, was man erreichen kann,
> ist nicht, nie zu straucheln,
> sondern jedes Mal wieder aufzustehen.
>
> NELSON MANDELA

Als Mandela nach Pollsmoor Prison verlegt wurde, legte er dort wieder einen Garten an; vermutlich weil es keinen anderen Ort dafür gab, halbierte er Ölfässer und pflanzte darin auf dem Dach des Gefängnisses seinen neuen Gemüsegarten. Er schien sich bewusst zu sein, wie wichtig das für ihn war. Seitdem ich diese Geschichte gehört habe, glaube ich besser zu verstehen, woher

Mandela die Kraft nahm, nach 27 Jahren Haft das Gefängnis nicht als verbitterter Mann zu verlassen, sondern als Friedensstifter. Wer jahrzehntelang eine solche Akzeptanz kreativ lebt, kultiviert gleichzeitig seine Stärke.

Die eigene Geschichte neu schreiben

Wir verstehen unser eigenes Leben, indem wir uns Geschichten darüber erzählen. Während wir eine Situation erleben, erscheint uns alles oft konfus, und wir können keinen Sinn darin sehen. Später, in der Rückschau, sind wir in der Lage, alle Details zu einer Geschichte zusammenzufügen, und mit einem Mal erkennen wir einen Zusammenhang, den wir vorher nicht wahrgenommen haben. Alles wird plötzlich schlüssiger. Ein großer Teil der Psychotherapie besteht darin, dem Patienten zu helfen, bessere und schlüssige Geschichten über sein Leben zu erzählen – nicht indem man die Fakten ändert, denn das würde bedeuten, sich die Realität »zurechtzulügen«, sondern indem man die Perspektive ändert und den Zusammenhang findet. Wir verstehen, was wir vorher nicht verstanden haben.

Das bekannteste Modell ist die Geschichte der »Heldenreise«, die der Mythenforscher Joseph Campbell aus den zahlreichen traditionellen Überlieferungen überall auf der Welt herausgearbeitet hat: Der Held muss sein sicheres Zuhause verlassen und zahlreiche Kämpfe bestehen, bis er seine Aufgabe erfüllt hat und, gereift und um viele Erkenntnisse bereichert, zurückkehren kann. Ob wir diese Kämpfe, die wir zu bestehen haben, als Veränderungen zum

Guten oder zum Schlechten bewerten, hat entscheidenden Einfluss auf unser Wohlbefinden. Wir können Geschichten von Weiterentwicklung oder Stagnation erzählen, von Erlösung oder Verurteilung, von Liebe und Zugehörigkeit oder Isolation. Im Finden einer »guten« Geschichte gelangen wir zur Akzeptanz und wehren uns nicht länger gegen das, was geschehen ist.

> Alles, was wir in Worte gefasst haben,
> können wir hinter uns lassen.
>
> SOKRATES

Die Biografiearbeit ist deshalb ein klassisches Mittel im Bereich Persönlichkeitsentwicklung. In der Regel wird die eigene Biografie mit all ihren Siegen und Niederlagen, Wendepunkten und Weiterentwicklungen niedergeschrieben, was mehrere Wochen oder gar Monate in Anspruch nehmen kann. Da Schreiben nicht jedermanns Sache ist, finden Sie im Folgenden eine alternative Übung, mit der Sie spielerisch aus der Vogelperspektive auf Ihr Leben blicken und betrachten können, wie viele Lebenskrisen Sie bereits bewältigt haben, welche Stärke Sie daraus gewonnen haben und wie viel Vertrauen Sie in sich selbst haben dürfen.

Mein Kintsugi-Leben

Bei dieser Übung dürfen Sie Ihrer spielerischen Kreativität freien Lauf lassen, denn sie soll Freude machen. Sie gestalten Ihr Leben als Kunstwerk beziehungsweise als Zen-Garten mit Gegenständen, die Sie selbst aussuchen. Lassen Sie sich von dem legendären Teemeister Sen no Rikyū inspirieren, der es sich nicht nehmen ließ, den Schmuck für seine Teezeremonien selbst im Wald zu suchen, und sammeln Sie in der Natur Steine in verschiedenen Größen, Gräser, Blumen, Tannenzapfen, Blätter, Zweige und was immer Sie anspricht. Daraus formen Sie anhand der folgenden Anleitungen entweder ein Mandala in Form einer Spirale oder – wenn Sie viel Platz oder einen Garten haben – einen gewundenen Weg, der Ihr bisheriges Leben darstellt.

Betrachten Sie Ihr Leben in Fünf-Jahres-Schritten (0 bis 5 Jahre, 5 bis 10, 10 bis 15 etc.), und stellen Sie sich dazu jeweils die folgenden Fragen:

» Gab es in dieser Phase Schwierigkeiten, Probleme oder gar Schicksalsschläge, die Ihr Leben beeinflusst haben? Verteilen Sie dafür je nach Schweregrad der Ereignisse große und kleine Steine. Wenn Ihr Leben aussieht wie das der meisten Menschen, haben Sie, bis Sie beim gegenwärtigen Moment angekommen sind, einige echte Klopfer vor sich liegen und mehrere kleinere Kiesel (wobei man sich an viele Schwierigkeiten erstaunlich oft überhaupt nicht mehr erinnern kann).

- » Wie sah die Zeit danach aus? Fanden sich Lösungen? Haben die Probleme Sie lange begleitet, und haben sie Ihren weiteren Entwicklungsweg in positiver oder negativer Weise beeinflusst? Verteilen Sie Gräser, Blätter oder was immer Ihnen passend erscheint.
- » Denken Sie an die wirklich schönen Zeiten in Ihrem Leben, und verteilen Sie als Stellvertreter großzügig Blüten. Sie werden überrascht sein, wie nah beieinander Steine und Blüten häufig liegen. Denn so unangenehm schwierige Zeiten auch sein mögen – die Erfahrungen vieler Menschen zeigen, dass sie häufig den Keim für neue, glückliche Entwicklungen in sich tragen.
- » Verteilen Sie auch Gegenstände für Beziehungen, Erfolge, Aufbrüche, Lebenswendungen oder Zeiten des inneren Friedens und Einklangs, damit Sie ein annähernd vollständiges Bild erhalten.

Wenn Sie Ihr Leben fertig gestaltet haben, nehmen Sie sich Zeit, es zu betrachten.

- » Erkennen Sie Zusammenhänge, die Sie vorher nicht gesehen haben? Gibt es Dinge, die Sie auch heute noch nicht akzeptieren können? Die immer noch Groll oder Trauer in Ihnen auslösen?
- » Dann stellen Sie sich die Frage: »Welche alternative Geschichte könnte ich darüber erzählen?« Und weiter: »Wie wäre es, wenn ich mein Leben genau so akzeptieren könnte, wie es ist?«
- » Lassen Sie Ihr Kintsugi-Leben eine Zeit lang so liegen, und stellen Sie sich die Fragen immer wieder, bis Sie das Gefühl haben, dass in Ihnen Raum für Akzeptanz entstanden ist.

Das eigene Leben mit Materialien aus der Natur zu gestalten entspricht eher als Schreiben dem japanischen Geist des Wabi-Sabi. Was in dieser Übung verkürzt dargestellt ist, kann auf alle Themen ausgedehnt werden, die von Bedeutung sind, auf Lebensträume, Partnerschaften, berufliche Etappen und so weiter. Mit etwas Geschick wird ein kleiner Zen-Garten daraus!

Akzeptieren ist ein Prozess, der sich langsam und allmählich entfaltet. Das beste Übungsfeld, das wir haben, um sie zu entwickeln, ist unser eigenes Leben. Geschichten in der Rückschau neu zu erzählen stärkt die Akzeptanz, doch wir können auch in der schwierigen Situation selbst bereits damit beginnen, sie in einem anderen Zusammenhang zu sehen. In der folgenden Übung wird eine Methode vorgestellt, in der Sie über Ihre schwierige Situation die »Geschichte einer Suche« erzählen. Mediziner empfehlen das bei der therapeutischen Begleitung schwerer Krankheiten, doch es hilft bei allen Problemen, mit denen wir zu kämpfen haben.

Die Geschichte einer Suche erzählen

Erzählen Sie sich die ganze Geschichte der schwierigen Situation, die Sie gerade durchleben, und ordnen Sie ihr einen Platz in Ihrer Lebensgeschichte zu.

» Fragen Sie sich beispielsweise: Wie hat alles begonnen? Haben Sie etwas Ähnliches schon einmal erlebt, und welche Erfahrungen haben Sie damit gemacht? Wie hat sich Ihr Erleben geändert, seitdem die Situation eingetreten ist?

» Erzählen Sie sich dieselbe Geschichte als Geschichte einer Suche. Denken Sie an die »Heldenreise« von Joseph Campbell. Sie befinden sich auf einer Reise, auf der Sie viele Kämpfe und Abenteuer zu bestehen und viel zu lernen haben. Jetzt gerade stehen Sie vor schwierigen Herausforderungen, doch diese werden Sie voranbringen, und indem Sie sie bewältigen, gewinnen Sie einen solchen Schatz an wertvollen Erfahrungen, dass Sie Ihrem Ziel einen entscheidenden Schritt nähergekommen sind. Sie können sich auch vorstellen, dass Sie sich auf einer Visionssuche befinden, wie die indigenen Völker Amerikas sie kannten. Die Erfahrungen des Alleinseins in der momentan erlebten »Wildnis« werden Sie zu einer neuen Vision Ihres Lebens führen.

» Überlegen Sie, wie Sie diese Geschichte aktiv zu einem guten Ende führen können. Welche Versionen sind möglich, und was können Sie dafür tun? Wenn Ihnen gar keine positive Version einfallen sollte, denken Sie an Nelson Mandelas Garten. Können Sie Ihren eigenen »Garten« finden?

» Welchem Menschen möchten Sie diese Geschichte erzählen?

Dass wir durch die Bewältigung von schwierigen Situationen wachsen können, ist übrigens kein Mythos, der wieder und wieder zum Trost erzählt wird. Seit einigen Jahren widmet sich die psychologische Forschung einem Phänomen, das sie »posttraumatisches Wachstum« nennt. Ging es früher immer nur darum, zu sehen, was

Menschen wieder in den früheren Zustand vor einem traumatischen Erlebnis zurückführt, richtet man sein Augenmerk zunehmend auf die Weiterentwicklung, die stattfinden kann, wenn die Erfahrungen positiv verarbeitet werden. Die Ergebnisse variieren je nach Studie, doch scheint ein solches persönliches Wachstum selbst nach schweren traumatischen Erlebnissen bei mindestens jedem Dritten der Fall zu sein. Und da die schwierigen Zeiten, die wir durchleben, zum Glück in den allerseltensten Fällen schwer traumatischer Natur sind, dürfen wir hoffen, dass wir nicht nur heil wieder herauskommen, sondern sogar ein wenig stärker und reifer.

Die Schönheit des nicht Perfekten

Es sind nicht nur die Wechselfälle des Lebens, die Narben auf der Seele hinterlassen können. Wir fügen uns diese häufig selbst zu, indem wir uns selbst verurteilen, weil wir das Gefühl haben, den Ansprüchen anderer nicht zu genügen. Nicht attraktiv genug, nicht intelligent genug, nicht schlank genug, nicht eloquent genug, nicht wohlhabend genug, nicht erfolgreich genug, nicht fit genug, nicht originell genug, nicht offen genug, nicht kreativ genug und, und, und. Einige Menschen haben durch günstige Voraussetzungen ein so starkes Selbstbewusstsein mitbekommen, dass sie davon verschont bleiben, doch die Wahrscheinlichkeit, dass wir zur Selbstverurteilung neigen, wächst, da unsere heutige Kultur diese ungemein fördert. Der Geist der Optimierung, der unsere Welt bestimmt, hat natürlich vor der eigenen Person nicht haltgemacht, im Gegenteil. Denn dass wir keinen unbegrenzten Einfluss auf das

Leben haben, können die meisten Menschen noch bejahen, doch auf uns selbst? Hier können wir herummanipulieren, was das Zeug hält, und wir glauben auch, dazu verpflichtet zu sein.

> Aufhören, perfekt zu sein, und beginnen,
> man selbst zu sein – das ist eine Sache,
> die wirklich schwierig und wirklich großartig ist.
>
> ANNA QUINDLEN

Was dem Wunsch, den Ansprüchen anderer gerecht zu werden, zugrunde liegt, ist das starke, positive und ungemein wichtige Bedürfnis nach Zugehörigkeit. Jeder von uns braucht das Gefühl, mit anderen verbunden und Teil von etwas Größerem zu sein. Gern sind wir auch bereit, dafür etwas zu opfern und Verzicht zu üben. Letztlich ist das sogar eine wichtige Basis für funktionierende Gemeinschaften, denn Gruppen, die sich nur aus selbstbezogenen Einzelgängern zusammensetzen, zerfallen in der Regel rasch, wenn sie nicht durch ein starkes gemeinsames Ziel geeint werden. In diesem Zusammenhang sind auch Gefühle wie Scham und Schuld verständlich, denn sie bilden das notwendige Korrektiv, um Menschen davon abzuhalten, sich in einer Weise zu verhalten, die andere verletzt oder ihnen schadet. Schwierig wird es jedoch, wenn die Messlatte immer höher und höher gelegt wird und Menschen Scham empfinden, weil sie sich für durchschnittlich halten. Denn angesagt ist: überdurchschnittlich, außergewöhnlich, perfekt.

Brené Brown, eine amerikanische Professorin für Psychologie, hat sich ihr ganzes Forscherleben lang mit den Themen Verletzlichkeit, Scham, Mut und innere Stärke beschäftigt. Sie diagnostiziert uns eine »schamanfällige Kultur«, in die das ständige Anstellen von Vergleichen tiefe Schneisen geschlagen hat, weshalb ein ausgeprägtes Mangeldenken vorherrscht. Wenn in einer Gesellschaft unverhältnismäßig viel Zeit darauf verwendet wird, sich auszurechnen, wie viel jemand im Vergleich zu anderen hat, haben will oder nicht hat, erzeugt das genau jenes Gefühl des Nicht-genug-Seins, das das gesamte Denken, Fühlen und Handeln bestimmen kann.

Es gibt Geschichten von Models, die Depressionen wegen vermeintlicher Schönheitsfehler entwickelten. Ein Investmentbanker erzählte mir von einem Milliardär, der sich für 100 Millionen Franken ein prachtvolles Chalet in einer Schweizer Nobelgegend erbauen ließ und jegliches Vergnügen daran verlor, als ein anderer in der Nachbarschaft für noch mehr Millionen ein noch großartigeres Chalet errichten ließ. Auch wenn wir Normalsterblichen uns angesichts solcher Undankbarkeit die Augen reiben, erfahren wir auf kleinerem Niveau dasselbe, wenn wir uns auf dem Weg des Vergleichens befinden: Es reicht niemals aus – zumindest nicht auf Dauer.

> Nach Vollkommenheit zu suchen heißt,
> Anlässe zur Verzweiflung zu finden.
>
> WILHELM SCHMID

Das Perfide an der ganzen Anstrengung, anderen zu genügen und zu gefallen, besteht darin, dass unsere Bemühungen noch aus einem anderen Grund nicht fruchten: Selbst wenn es uns gelingt, andere eine Zeit lang mit unseren Leistungen zu beeindrucken, wird – so das Ergebnis von Brené Browns Studien – unsere starke Sehnsucht nach Zugehörigkeit dadurch kein bisschen gestärkt. Denn erst die Akzeptanz unserer eigenen Verletzlichkeit ermöglicht eine tiefe Verbundenheit mit den Menschen um uns herum. Je mehr Schutzpanzer wir aufbauen, um unsere Mängel zu verbergen, umso mehr blockieren wir den Fluss unserer Lebendigkeit und damit auch unserer Beziehungen. Menschen, die sich trauen, nicht immer gut drauf zu sein, sondern auch angeschlagen und pessimistisch, entspannen uns, weil sie echt sind und uns erlauben, dasselbe zu sein. Wir werden wohl kaum einen liebenswerteren Menschen finden als den, der uns genauso annimmt und mag, wie wir sind, auch wenn wir uns gerade nicht in der besten Verfassung befinden. Und das geht anderen Menschen im Umgang mit uns selbst nicht anders. Es ist diese Art von Beziehungen, die ein stabiles Gefühl von Zugehörigkeit vermittelt.

Den Wabi-Sabi-Blick auf sich selbst zu entwickeln bedeutet, sich selbst so zu sehen wie den besten Freund oder die beste Freundin. Wir können uns so lassen, wie wir sind, und unser Herz auch für unsere Unzulänglichkeiten öffnen. Würden wir unseren besten Freund weniger mögen, weil er, wenn er aufgeregt ist, rot wird und beginnt, sich auf kuriose Weise zu verhaspeln? Oder unseren Hund, der ein solcher Angsthase ist, dass eine Maus ihn einschüchtern kann? Nein, das Verrückte ist, dass wir sie genau deshalb noch mehr lieben. Denn das macht sie zu den ganz besonderen, einzigartigen und absolut unverwechselbaren Wesen, die sie nun einmal sind und ohne die wir uns unser Leben nicht vorstellen können. Im letzten Abschnitt dieses Kapitels widmen wir uns daher dem zweiten, sehr wesentlichen Handwerkszeug aus unserer Kintsugi-Werkstatt: der *Selbstfreundschaft* beziehungsweise dem *Selbstmitgefühl* (siehe ab Seite 52).

> Um die Wahrheit darüber zuzulassen, wer wir sind,
> woher wir kommen, was wir glauben und wie unvollkommen
> unser Leben ist, müssen wir bereit sein, innezuhalten
> und die Schönheit unserer Kratzer, Schrammen und Risse –
> unsere Unzulänglichkeiten – zu akzeptieren.
>
> BRENÉ BROWN

Zuvor jedoch noch einige Worte zu der Chance, die sich in jedem Mangel verbirgt. Das bezieht sich durchaus nicht nur auf die kleinen liebenswerten Unzulänglichkeiten, die als »harmlos« eingestuft werden. Selbst starke Beeinträchtigungen können in sich den Keim für eine erstaunliche Entwicklung tragen. Vor einigen Jahren arbeitete ich für ein Buch mit Verena Bentele zusammen, die – von Geburt an blind – als Biathletin und Ski-Langläuferin zwölf paralympische Goldmedaillen und viermal WM-Gold gewonnen hatte. Nach ihrem Ausstieg aus dem Sport baute sie sich eine berufliche Tätigkeit als Referentin in Politik und Wirtschaft auf und wurde dann als erste Behindertenbeauftragte mit eigenem Handicap in die Berliner Politik gerufen, wo sie sich vier Jahre für die Inklusion einsetzte. Wäre sie auch ohne ihr Handicap einen so beeindruckenden Weg gegangen? Vielleicht. Doch sie hat mir versichert, dass sie sich durch ihre Blindheit niemals eingeschränkt gefühlt habe, sondern diese sie stets dazu motiviere, weitere Grenzen zu überwinden.

Während der Zeit, in der ich dieses Buch geschrieben habe, hat sich vor den Augen der Welt eine unglaubliche Geschichte entsponnen, wie selbst Astrid Lindgren sie nicht hätte erfinden können: Im Sommer 2018 setzt sich ein schmächtiges 16-jähriges Mädchen mit Asperger-Syndrom allein mit ihrem selbst gemalten Schild »Schulstreik für das Klima« vor das schwedische Parlament. Binnen kürzester Zeit mobilisiert Greta Thunberg Abertausende von Kindern und Jugendlichen in mehreren Nationen dazu, in den »Fridays for Future«-Demonstrationen für den Erhalt unseres Planeten auf die Straße zu gehen, und entfaltet eine Dynamik, von der Umweltaktivisten bisher nur träumen konnten. Bei der Eröffnungszeremonie des UNO-Klimagipfels in New York fragt sie in einer erschütternden Rede die Staatschefs, wie sie es wagen könnten, ihr und ihrer Generation die Zukunft zu stehlen – »How dare you!« Diese Worte stürmen auf allen Kanälen um die Welt. Das Interessante ist: Es ist genau ihre Schwäche, das Asperger-Syndrom, die Greta Thunberg so wunderbar störrisch für ihre Mission eintreten lässt. Dieses Mädchen ist definitiv nicht manipulierbar, sie ist immun gegen die Verführung des Ruhms, und das macht sie so überzeugend. Wie auch immer Gretas Geschichte weitergehen wird, die Welt ist bereits jetzt eine andere.

Freiheit bedeutet, keine Furcht
vor dem Unvollkommenen zu haben.

ZEN-MEISTER SENGCHAN

Und ein Kapitel über Wabi-Sabi wäre nicht vollständig, ohne auf jenen »Mangel« einzugehen, mit dem jeder von uns irgendwann konfrontiert wird: das Altwerden. Wir können mit Fug und Recht sagen, dass heute die fittesten, gesündesten, aktivsten und jugendlichsten »Alten« unseren Planeten bevölkern als jemals in der Weltgeschichte zuvor, Folge eines rasanten medizinischen Fortschritts und eines kontinuierlich gewachsenen Wohlstands in den Industrienationen. Und so ist es nicht verwunderlich, dass auch diese Gruppe dem Ideal der Selbstoptimierung nachstrebt, was wohl ebenfalls einmalig in der Geschichte ist. Denn da Alt-Sein von Haus aus unserem Zeitgeist des Perfektionsstrebens widerspricht, stehen Menschen im Rentenalter heute nicht selten unter dem Druck, so lange wie möglich jung zu bleiben. Der Arzt und Psychotherapeut Christian Dogs, selbst über 70, der in seiner psychosomatischen Klinik häufig damit konfrontiert wird, schreibt in seinem Buch *Gefühle sind keine Krankheit* unverblümt: »Es ist doch entlastend, wenn man nicht mehr ständig ganz vorne mithalten muss. Der Irrsinn der Selbstoptimierung im Alter führt letztlich nur dazu, dass wir faltenfrei und gesund ernährt dement werden.«

Dass Wabi-Sabi das Altwerden sanft umfängt wie alles andere, versteht sich nach den obigen Ausführungen von selbst. Es findet in einem jungen, glatten Gesicht ebenso viel Schönheit wie in einem faltigen. In Jugendlichkeit ebenso wie in Reife. In Stärke wie in Hilfsbedürftigkeit. Weil es das eine nicht ohne das andere gibt. Und weil das eine das andere bedingt. Je früher wir uns in Akzeptanz üben, umso bewusster können wir auch zum Altwerden Ja sagen. Die gute Nachricht ist: Studien haben ergeben, dass unsere Resilienz, die Widerstandskraft gegenüber Krisen, mit dem Älterwerden Jahr um Jahr steigt. Grund dafür ist die wachsende Fähigkeit zu akzeptieren, was wieder zeigt, dass das Leben selbst unser bester Lehrmeister ist.

Die Kraft des Selbstmitgefühls

Wir alle brauchen eine große Portion Wertschätzung für uns selbst, um heil durchs Leben zu kommen, und erst recht durch schwierige Zeiten. Und zwar eine, die möglichst unabhängig ist vom »Punktestand«, den wir gerade in der äußeren Welt verzeichnen, das heißt, sie muss es überleben, wenn wir eine Sache gehörig in den Sand gesetzt haben, wenn wir zurückgewiesen, gedemütigt, enttäuscht oder abgelehnt werden, und sie muss uns stützen, wenn wir einen Schicksalsschlag erleben oder eine echte Lebenskrise durchmachen.

»Selbstliebe« ist der Begriff, mit dem man diese Wertschätzung für sich selbst meist benennt. Der Philosoph Wilhelm Schmid rät zur vorsichtigen Verwendung dieses Begriffs, da er allzu leicht mit der narzisstisch überhöhten Selbstliebe verwechselt wird, und plädiert für »Selbstfreundschaft«. In seinem Buch mit dem gleichnamigen Titel schildert er die starke Tendenz zur narzisstischen Selbstvergötterung, die unsere Zeit der Selbstoptimierung erfasst hat, und verurteilt sie aufs Schärfste. Der Individualismus, ein hoher Wert im Westen, hat sich – so Schmid – in einer Weise gesteigert, dass er sich auf allen Ebenen zerstörerisch auswirkt. Und mit dieser Haltung steht er nicht allein. Studien belegen, dass während der letzten 20 Jahre der Narzissmus-Faktor stark angestiegen ist, in den USA spricht man gar von einer Narzissmus-Epidemie als einer Art kultureller Krankheit.

Wie oben beschrieben, kann eine Haltung der übermäßigen Selbstliebe rascher in Selbstverurteilung, Selbstabwertung oder gar Selbsthass umschlagen, wenn wir in schwierigen Zeiten mit unseren Mängeln und Unvollkommenheiten konfrontiert werden. Selbstfreundschaft dagegen ist eine stabile Haltung, die uns zuverlässiger durchs Leben trägt. In schwierigen Zeiten brauchen wir manchmal aber sogar noch etwas mehr als das, nämlich eine aktive Zuwendung zu uns selbst: Selbstmitgefühl.

> Statt uns selbst für unsere Fehler und unser Versagen
> zu verdammen, können wir die Erfahrung
> des Leidens nutzen, um unser Herz weicher zu machen …
> Das wird möglich, wenn wir uns selbst
> das Mitgefühl gewähren, das wir brauchen.
>
> KRISTIN NEFF

Den Begriff »Selbstmitgefühl« prägte Kristin Neff, eine amerikanische Psychologieprofessorin. Als sie die buddhistische Praxis des Mitgefühls kennenlernte, war sie fasziniert von dem Gedanken, dass wir nicht nur anderen gegenüber eine solche mitfühlende Haltung einnehmen können, sondern ebenso uns selbst gegenüber. Nicht dass das nicht eigentlich von vornherein klar wäre: Dass man sich um sich selbst kümmern muss, damit man sich überhaupt um andere kümmern kann, ist für jeden Buddhisten im Osten eine Selbstverständlichkeit – für die Menschen im westlichen Raum seltsamerweise nicht. Dass man sich selbst mögen kann, auch wenn man alles vermasselt hat, dass man sich seine Schwächen verzeihen kann, statt auf sich einzuprügeln, ist etwas, was vielen fremd ist; es wird sogar oft als Schwäche angesehen, weil man sich Dinge »durchgehen« lässt. Deshalb machte Kristin Neff Selbstmitgefühl zum Gegenstand ihrer jahrzehntelangen Forschung und kam zu erstaunlichen Ergebnissen.

Das von Kristin Neff definierte Selbstmitgefühl besteht aus drei Bestandteilen. *Selbstfreundlichkeit:* Wenn es uns nicht gut geht, dürfen wir uns genauso liebevoll um uns kümmern wie um unsere Familie oder Freunde. *Verbundenheit:* Wir sind alle *eine* Menschheit und erleben denselben Schmerz, keiner ist allein und isoliert. Und schließlich *Achtsamkeit:* Statt unseren Schmerz zu ignorieren oder uns hineinzusteigern, nehmen wir alles wahr, was im Moment da ist (dazu später mehr). Eine kleine Fantasiereise, die an die Arbeit von Kristin Neff angelehnt ist, führt uns zu dieser Qualität des Selbstmitgefühls.

Eine Fantasiereise zum Selbstmitgefühl

- Nehmen Sie einen bequemen Sitz ein. Stellen Sie sich vor, dass Sie sich an einem sicheren, geborgenen Ort befinden. Das kann ein Ort sein, der Ihnen vertraut ist, oder ein imaginärer Ort, an dem Sie sich ruhig, friedlich und entspannt fühlen, wie eine Lichtung im Wald oder ein behagliches Zimmer, das von Kerzenlicht freundlich erhellt wird.
- Jetzt stellen Sie sich jemanden vor, der für Sie das Ideal eines fürsorglichen und mitfühlenden Menschen verkörpert, jemand, der Wärme und bedingungslose Akzeptanz ausstrahlt, der Sie genauso annimmt und mag, wie Sie sind. Das kann ein Mensch sein, dem Sie wirklich begegnet sind, eine religiöse Gestalt, mit der Sie diese Eigenschaften verbinden, Sie können aber auch jemanden erfinden, der all das verkörpert. Sehen Sie dieses Bild so lebendig wie möglich vor sich.
- Stellen Sie sich vor, was diese Person angesichts der Situation, die Sie gerade erleben, sagen würde. Auf welche Weise würde sie Sie trösten? Wie würde sie Ihnen ihr Mitgefühl zeigen? Erlauben Sie sich, das Mitgefühl anzunehmen, und verweilen Sie eine Zeit lang in diesem Gefühl, verstanden, akzeptiert und getröstet zu werden.
- Nach einer Weile können Sie Ihr mitfühlendes Bild wieder entlassen. Spüren Sie dem Trost und der Leichtigkeit nach, die diese Fantasiereise in Ihnen erzeugt hat. Stellen Sie sich vor, dass Sie diesen sicheren Ort und das Bild des Mitgefühls jederzeit aufsuchen können, wenn Sie das brauchen.

Wann immer Sie negative, verzweifelte, ängstliche, traurige Gedanken und Gefühle in sich wahrnehmen, suchen Sie in Ihrem Geist diesen sicheren Ort auf, und schenken Sie sich Selbstmitgefühl. Sie dürfen sich das ruhig gönnen, denn die Welt kann gnadenlos genug sein. Wenn ein Kintsugi-Meister viele Wochen darauf verwendet, um eine einfache Teeschale zu reparieren, wie viel mehr Fürsorge ist ein Menschenleben wert? Dieses Verständnis und diesen Trost von anderen zu erhalten ist wichtig und aufbauend (auch dazu später mehr), doch dürfen wir uns dies auch selbst geben.

Zusammen mit Christopher Germer hat Kristin Neff ein achtwöchiges Kursprogramm entwickelt, »Achtsames Selbstmitgefühl«, das diesen mitfühlenden Umgang mit sich selbst anhand vieler weiterer Übungen lehrt. Seitdem sie diesen Ansatz entwickelt hat, sind bereits eine Menge Studien zur Wirksamkeit durchgeführt worden. Die Ergebnisse sind positiv: Selbstmitgefühl stärkt die Resilienz, vermindert die Anfälligkeit für Depression, Stress und Schamgefühle und fördert Motivation und Optimismus. Wir müssen also nicht befürchten, faule, selbstmitleidige Nichtsnutze zu werden, nur weil wir nicht mehr so kritisch mit uns umgehen. Wenn wir schwierige Zeiten durchleben, wird uns Selbstmitgefühl helfen, positiver an die Lösung unserer Probleme zu gehen. Gemeinsam mit dem Akzeptieren schafft es eine Basis, um uns unser neues Leben aufzubauen.

Wer anmerkt, dass Selbstmitgefühl nun aber nicht unbedingt eine japanische Stärke ist, hat natürlich recht. Sosehr der Zen-Buddhismus Japan geprägt hat, so hat diese charakteristisch (selbst-)mitfühlende Haltung aus dem Buddhismus nicht wirklich Fuß fassen können. Während der Dalai Lama beispielsweise sagt, er hätte sich vor seiner Begegnung mit dem Westen niemals vorstellen können, dass sich jemand nicht selbst lieben könnte, gehen viele Japaner wohl noch härter mit sich ins Gericht als Menschen im Westen, das japanische Ehrgefühl ist sprichwörtlich. Weil Selbstmitgefühl im Krisen-Survival-Kit jedoch so unglaublich hilfreich und wichtig ist, habe ich es an dieser Stelle dennoch aufgenommen.

禪

2. ZEN

Die Einfachheit des Seins

Zen ist nichts Besonderes.
Zen ist einfach das Leben selbst.

STEVE SMITH

Zen – dieser Begriff lässt eine ganze Welt von Bildern vor unserem inneren Auge entstehen: eine Blüte, die sich dem Licht zuwendet; schwarz gekleidete Mönche in tiefer Meditation; ein Garten, in dem die Pflanzen in schlichter Harmonie angeordnet sind und dem Betrachter ein Gefühl von Ruhe vermitteln. Zen ist das Leben, so, wie es ist – ohne dass etwas hinzugefügt oder weggelassen werden müsste.

Das Besondere am japanischen Zen ist, dass seine Lehrer und Mönche den Worten nie trauten, sondern andere Wege fanden, ihre Lehre weiterzugeben. Das unterscheidet es von den meisten anderen buddhistischen Traditionen. Viele von diesen haben eine lange Gelehrtentradition, und die Mönche wurden von klein auf im Diskurs über den *Dharma,* die Lehre, geschult. Wenn jedoch im alten Japan ein Schüler einen Zen-Meister nach dem Sinn des Lebens fragte, konnte es passieren, dass dieser auf einen Vogel zeigte und antwortete: »Lausche seinem Gesang«, bevor er lächelnd seines Weges ging. Oder dass der Wissbegierige eine kryptische Antwort erhielt wie: »Ein Frosch springt ins Wasser, platsch!« Der Fragesteller war dann genauso schlau wie vorher – wenn er sich nicht schon mit dem Wesen des Zen vertraut gemacht hatte.

Es gibt zahlreiche überlieferte Meister-Schüler-Geschichten, die meist darauf abzielen, dem Schüler durch bewusste Irritation klarzumachen, dass die tiefste Wahrheit nicht mit dem Verstand begriffen, sondern nur erfahren werden kann – in einem einzigen, besonderen Moment.

Schüler: »Zeigt mir den Weg zur Erleuchtung.«
Meister: »Hörst du den murmelnden Bach?«
Schüler: »Ja.«
Meister: »Das ist der Zugang.«

Heutige Zen-Lehrer sind zum Glück nicht mehr so zugeknöpft – zumindest wenn sie im Westen lehren. Doch auch wenn jetzt mehr erklärt wird als früher, bleibt das Faszinierende am Zen, dass sein Kern immer noch Stille ist. Und in unserer mit unendlich vielen Reizen, Ablenkungen, Informationen, Lärmbelastungen und Stresserfahrungen angefüllten Welt öffnet es einen Raum, in dem wir uns uns selbst zuwenden und erleben können, dass das Leben mehr ist als das, was sich im Äußeren zeigt.

Eine Abenteuerreise ins Selbst

Wenn wir mit einer schwierigen Situation konfrontiert werden, neigen wir dazu, uns völlig davon absorbieren zu lassen und in eine Art »Problemtrance« zu verfallen (siehe auch erstes Kapitel, Seite 32). Zen lehrt uns, stattdessen in Distanz dazu zu gehen und den Geist zur Ruhe zu bringen, damit wir uns den Fragen stellen können, die jetzt wichtig sind: Wenn diese Situation einen Weckruf darstellt, welche Botschaft könnte sie vermitteln? Gibt es eine Lösung jenseits der Wege, die wir sonst gegangen sind? Was macht uns wirklich glücklich? Wenn der erste Schmerz vorüber ist, können wir die Situation als Abenteuer betrachten, das uns dazu auffordert, unsere inneren Ressourcen an die Oberfläche zu bringen und mehr zu dem Leben zu finden, das wir leben wollen.

Jede Art von Krise macht uns offener und berührbarer. Das Wort Krise entstammt dem altgriechischen Begriff *krísis* und bezeichnete ursprünglich den Wendepunkt einer Krankheit zur Heilung oder zum Tod; in der Medizin wird es immer noch in dieser Weise verwendet. Ob wir selbst einen Anteil am Entstehen der Krise hatten oder nicht, sie fordert uns in jedem Fall auf, unsere Perspektive zu verändern. Die Situation ist schwierig, vielleicht sogar dramatisch, doch sie bedeutet immer auch eine Chance. Deutlich wird das im Japanischen ausgedrückt: Das Wort Krise besteht hier aus zwei Schriftzeichen, das eine bedeutet allein für sich »Gefahr«, das andere »Gelegenheit«. So ratlos und ohnmächtig wir uns derzeit auch fühlen mögen, es kann sich durchaus gerade hierin das Geschenk einer wertvollen Weiterentwicklung verbergen. Die Psychologin Verena Kast schreibt dazu: »Krisen haben eine schöpferische Kraft, denn Kreativität ist immer da, wo wir keine Lösung haben. Wir sind durchlässiger für Impulse des Unbewussten.« Eine solche Durchlässigkeit für kreative, positive Lösungen können wir bewusst fördern, indem wir Raum dafür schaffen.

> Sieh den Regenbogen! Nur wenn der Himmel weint, erblickst du die Farben im Licht.
>
> T'AO-SHAN

Betrachtet man eine japanische Tuschezeichnung, so fällt auf, dass der Großteil des Papiers oder der Leinwand nicht zeichnerisch gestaltet wurde, sondern weiß geblieben ist. Dieser weiße Raum ist noch wichtiger als der gestaltete Teil, denn in ihm liegt sozusagen das kreative Potenzial: Wo Freiraum ist, kann der Betrachter selbst schöpferisch tätig werden. In ähnlicher Weise braucht auch unser Geist einen Freiraum, um sich kreativ zu entfalten. Die Kintsugi-Werkzeuge, die in diesem Kapitel vorgestellt werden, *Achtsamkeit, Stille* und *Einfachheit,* schaffen genau dieses »Weiß«, diesen Freiraum, um neue, eigene Wege zu finden. Wenn wir beginnen, die ersten vorsichtigen Schritte in Richtung Neuorientierung zu unternehmen, dann bieten sie uns wertvolle Hilfestellung.

Den Respekt, den der Kintsugi-Meister seinen Teeschalen zollt, können wir uns auch selbst schenken, indem wir uns in der Stille auf uns selbst besinnen, Ordnung in das Chaos bringen, das unser

Leben und wir selbst derzeit darstellen, und zu einem heilsamen Umgang mit den belastenden Gefühlen finden, die immer noch von Zeit zu Zeit hochkochen. Jetzt gilt es, uns zu fragen, was uns wichtig ist und wohin wir gehen wollen.

Ichi-go ichi-e – das Geschenk des Augenblicks

Die Vergangenheit ist vorüber, die Zukunft noch nicht da – das Einzige, was wir mit vollkommener Sicherheit bis zum letzten Atemzug erleben werden, ist der gegenwärtige Moment. Genau jetzt, genau hier. Diese Wahrheit, die in ihrer Offensichtlichkeit geradezu banal erscheinen mag, bei tieferer Betrachtung aber ungeheure Dimensionen eröffnet, ist der Kernpunkt von Achtsamkeit.

Es gibt ein poetisches japanisches Sprichwort, das lautet: *ichi-go ichi-e*. Übersetzt bedeutet es etwa »ein Moment, der nur einmal im Leben vorkommt«. Es erscheint häufig im Zusammenhang mit der Teezeremonie und den japanischen Kampfkünsten und lehrt, jeden Augenblick als einzigartig zu ehren. Auch jede Begegnung, ob mit Familie und Freunden oder mit unbekannten Menschen, ist immer einmalig und lässt sich niemals wiederholen. Nun sind wir alle gern bereit, die schönen Augenblicke noch intensiver auszukosten, doch was ist mit den schmerzhaften, schwierigen und unangenehmen Momenten? Denen wollen wir doch möglichst schnell wieder entkommen?

Wenn die Achtsamkeit etwas Schönes berührt,
offenbart sie dessen Schönheit.
Wenn die Achtsamkeit etwas Schmerzvolles berührt,
wandelt sie es um und heilt es.

THICH NHAT HANH

Achtsamkeit ist die Bereitschaft, alles, was geschieht, in akzeptierender Weise anzunehmen. Bei der Achtsamkeitsmeditation, die meist im Sitzen oder Gehen ausgeübt wird, verankern wir uns im gegenwärtigen Moment, indem wir unseren Fokus auf den Atem richten, ohne ihn zu beeinflussen. Wenn Gedanken, Empfindungen oder Gefühle auftauchen, nehmen wir diese einfach nur wahr und lassen sie weiterziehen – ähnlich wie Wolken, die am Himmel auftauchen und allmählich wieder aus unserem Blickfeld verschwinden.

Dass dies einfacher klingt, als es ist, weiß jeder, der es schon einmal mit Meditation probiert hat. Sobald wir uns hinsetzen und versuchen, uns auf den Atem zu konzentrieren, scheint unser Geist nichts Dringenderes zu tun zu haben, als sich über banale Dinge zu beschweren, den nächsten Tag zu planen, Erinnerungen hochzuspülen und uns mit seinem Geschnatter den Nerv zu rauben. Dass er das tatsächlich den ganzen Tag über tut, merken wir erst dann, wenn wir ihn bewusst beobachten. Je öfter und länger wir uns aber in dieser Praxis üben, umso mehr sind wir in der Lage, in einer achtsamen und souveränen Weise damit umzugehen. Nicht dass der Geist jemals mit seinem Schnattern aufhören würde – das ist schlicht seine Natur –, doch wir lassen uns von ihm nicht mehr wie ein Boot ohne Segel und Ruder orientierungslos hin und her treiben. Dasselbe gilt auch für Empfindungen und Gefühle.

Das Geheimnis des gelassenen Mönchs

Eine Gruppe von Zen-Schülern fragte ihren Meister, wie es ihm gelinge, trotz seiner vielen Aufgaben so tief in sich zu ruhen: »Bitte verrate uns dein Geheimnis, warum du stets gelassen bist.«
Der Meister antwortete: »Wenn ich sitze, dann sitze ich. Wenn ich gehe, dann gehe ich. Wenn ich esse, dann esse ich. Wenn ich arbeite, dann arbeite ich.«
»Aber das tun wir doch auch«, riefen seine Schüler. »Was machst du noch?«
Und wieder sagte der Mönch: »Wenn ich sitze, dann sitze ich. Wenn ich gehe, dann gehe ich. Wenn ich esse, dann esse ich. Wenn ich arbeite, dann arbeite ich.«
Jetzt wurden die Schüler ungeduldig: »Lieber Meister, das wissen wir doch. Wir machen genau dasselbe.«
»Nein«, erwiderte der Zen-Meister. »Wenn ihr sitzt, seid ihr in euren Gedanken schon beim Gehen. Wenn ihr geht, denkt ihr an die nächste Mahlzeit. Wenn ihr esst, kreisen eure Gedanken um die Arbeit. Und wenn ihr arbeitet, fragt ihr euch, wann ihr wieder sitzen könnt.«

Achtsamkeit ist keine Übung, die hin und wieder angewendet werden kann und sofort »Resultate« liefert, doch bei regelmäßiger Praxis bewirkt sie bereits nach einigen Wochen deutlich spürbare Veränderungen, und wie jüngere wissenschaftliche Studien gezeigt haben, sind diese sogar hirnphysiologisch nachweisbar. Welche heilsame Wirkung sie gerade in schwierigen Zeiten entfalten kann, wenn Stress, Probleme, eine Erkrankung oder Ängste uns zu schaffen machen, hat der amerikanische Arzt Jon Kabat-Zinn erforscht und in einer praktisch anwendbaren Methode für jeden zugänglich gemacht. Wie so viele kam er in den 1970er-Jahren mit dem Buddhismus in Berührung und war überrascht von der Wirkung von Achtsamkeit auf Körper und Psyche. Er entwickelte ein achtwöchiges Programm namens Mindfulness Based Stress Reduction (kurz MBSR), in das auch leichtes Yoga und Kognitionspsychologie einflossen, das sich aber ansonsten in »entspiritualisierter« Form sehr nah an die grundlegende Achtsamkeitspraxis anlehnt, die schon Buddha vor 2500 Jahren lehrte.

Als ich vor über 20 Jahren mit der Arbeit von Jon Kabat-Zinn in Berührung kam, war sie noch nicht vielen Menschen bekannt. Heute ist Achtsamkeit in aller Munde und hat ihren Weg in die Welt des Business und der großen Konzerne geschafft. Sie ist aber weit mehr als ein Trend. Was Stressbewältigung angeht, ist sie bereits jetzt ein Klassiker. Und im Bereich der Psychotherapie hat sie nahezu alle neu entstandenen Therapierichtungen der letzten Jahre beeinflusst. Ich finde es bemerkenswert, dass wir ein Konzept aus Fernost so produktiv in unsere westliche Realität integrieren konnten; es zeigt einmal mehr, wie sehr wir voneinander lernen können, wenn es uns gelingt, uns das, was auf den ersten Blick fremd erscheint, zu eigen machen zu können, indem wir unsere eigene Sprache und unsere eigenen Bilder und Vorstellungen dafür finden. Vermutlich ist vielen, die heute ein Stressbewältigungsseminar besuchen, gar nicht bewusst, dass das, was sie auf ihrem Stuhl oder Kissen üben, der Lehre jenes indischen Prinzen entspringt, der vor Jahrtausenden nach einem Weg suchte, Menschen zu helfen, sich von ihrem Leiden zu erlösen – und nebenbei eine Religion begründete, was er niemals vorgehabt hatte.

> Bei der Meditation geht es nicht um den Versuch, irgendwo hinzugelangen. Es geht darum, dass wir uns selbst erlauben, genau dort zu sein, wo wir sind, und genau so zu sein, wie wir sind, und desgleichen der Welt zu erlauben, genau so zu sein, wie sie in diesem Augenblick ist.
>
> JON KABAT-ZINN

Da es mittlerweile so viel ausgezeichnete Literatur zum Thema MBSR und Achtsamkeit gibt und quasi flächendeckend Seminare dazu angeboten werden, möchte ich an dieser Stelle darauf verweisen. Ich kann tatsächlich jeden nur ermutigen, einen der achtwöchigen MBSR-Kurse zu besuchen, um sich mit der Methode vertraut zu machen – wenn man sich nicht gleich auf das Zen-Abenteuer einlassen möchte. Achtsamkeit kann zwar nicht verhindern, dass wir hin und wieder vom Leben durchgeschüttelt werden und schmerzhafte Zeiten erleben, doch sie hilft, uns aus negativen Gedankenspiralen herauszuwinden und mit den unangenehmen oder gar bedrohlichen Gefühlen, die eine Krise begleiten, heilsam umzugehen. Und sie sorgt dafür, dass wir unsere Klarheit bewahren, um sinnvolle Antworten zu finden auf die Fragen, die das Schicksal uns stellt.

Im Folgenden finden Sie die Basisübung der Achtsamkeit, wie sie dem MBSR, dem Zen und allen anderen buddhistischen Richtungen zugrunde liegt. Setzen Sie sich nicht unter Druck, probieren Sie diese einfach einige Minuten lang, und dehnen Sie die Zeit dann allmählich weiter aus. Zwanzig Minuten täglich lautet eine allgemeine Empfehlung, doch die Praxis der vielen, die Achtsamkeit mittlerweile praktizieren, ist sehr individuell und variiert von fünf Minuten bis zu einer Dreiviertelstunde.

Achtsamkeit üben

- Nehmen Sie einen bequemen Sitz ein. Das kann auf einem Stuhl oder einem Kissen sein, wichtig ist nur eine aufrechte und gleichzeitig entspannte Haltung. Die Hände legen Sie locker auf die Oberschenkel. Schließen Sie die Augen, oder senken Sie den Blick, sodass er unfokussiert etwa einen Meter vor Ihnen auf dem Boden ruht.
- Lenken Sie Ihre Aufmerksamkeit zunächst auf Ihren Körper. Spüren Sie einige Minuten hinein, wie er sich anfühlt, angefangen bei den Füßen über die Beine, den Rumpf, die Arme, den Kopf und schließlich als Ganzes. Wenn Sie nichts wahrnehmen, nehmen Sie das lediglich zur Kenntnis.

- Dann lenken Sie Ihre Aufmerksamkeit auf Ihren Atem und beobachten einfach, wie er in Ihren Körper ein- und wieder ausströmt. Sie können Ihre Hände auf den Bauch legen und spüren, wie dieser sich hebt und senkt. Manipulieren Sie Ihren Atem nicht, es geht nur darum, das Wechselspiel zwischen Ein- und Ausatmen zu verfolgen.
- Wenn Sie merken, dass Ihre Gedanken abschweifen – und das werden sie früher oder später tun –, nehmen Sie das zur Kenntnis und bringen Ihre Aufmerksamkeit zurück zum Atem. Dasselbe tun Sie mit Empfindungen, Gefühlen oder Tagträumen. Verurteilen Sie sich nicht, wenn Ihr Geist auf Wanderschaft gegangen ist. Indem Sie es wahrnehmen und Ihre Aufmerksamkeit zum Atem zurücklenken, praktizieren Sie Achtsamkeit.
- Öffnen Sie schließlich die Augen und kehren mit Ihrer Aufmerksamkeit in den Raum zurück.

Je öfter Sie sich darin üben, umso leichter wird es Ihnen auch im Alltag gelingen, negative Gedanken oder Gefühle einfach nur wahrzunehmen, ohne sich von ihnen mitreißen zu lassen.

Eigentümlich für Japan ist es, wie sehr die Praxis der Achtsamkeit in das *Tun* eingeflossen ist. Während sich das Streben der Zen-Mönche im alten Japan vor allem um das Erwachen, die Erlangung von Erleuchtung, drehte und Achtsamkeit eher eine Art selbstverständliche »Zutat« war, um das Ziel zu erreichen, bestimmte sie die Ausübung der traditionellen Künste und des Handwerks in hohem Maße. Im nächsten Abschnitt wird deshalb eine Übung vorgestellt, die wir in Bewegung ausführen können.

Innerlich zur Ruhe kommen

»Ich meine, dass Stille der neue Luxus ist. Stille enthält eine Qualität, die exklusiver und beständiger ist als jeder andere Luxus«, schreibt der Abenteurer Erling Kagge, der die Stille immer wieder gesucht hat, in der Antarktis, der Arktis, auf dem Mount Everest und in der Stadt. Wir leben in lauten Zeiten, die »Lärmverschmutzung« macht uns mehr zu schaffen, als uns bewusst ist. Studien haben ergeben, dass der Stressfaktor bei Großstädtern um ein Vielfaches höher ist als bei der Bevölkerung auf dem Land. Zum akustischen Lärm gesellen sich die Flut an visuellen Reizen und Ablenkungen und die Herausforderung, mit Hunderttausenden Menschen auf relativ engem Raum zusammenzuleben. Da der moderne Mensch auf Reize letztlich immer noch reagiert wie der Steinzeitmensch, verursacht jede E-Mail, die wir erhalten, einen kleinen Aufruhr, eine Unruhe in unserem System, denn da verlangt etwas unsere Aufmerksamkeit, und wir reagieren. Wir meinen, uns daran gewöhnt zu haben, doch zahlen wir für diese »Gewöhnung« einen Preis. Innerlich zur Ruhe kommen, in die innere Stille finden wird zunehmend schwieriger.

Schon immer haben sich Menschen in die Stille begeben, wenn sie nach Antworten auf Fragen gesucht haben, die das Leben ihnen gestellt hat. Und alle berichten, dass die Stille zu ihnen spricht beziehungsweise dass in der Stille *etwas* zu ihnen spricht, ob man das die innere Stimme, die Intuition oder wie auch immer nennen mag. Und das ist alles andere als esoterisch: Die Hirnforschung hat entdeckt, dass beim vermeintlichen »Nichtstun« ein umfangreiches neuronales Netzwerk im Gehirn aktiviert wird, das Informationen ins Bewusstsein schickt, die im Alltag nicht zugänglich sind. Wissenschaftler und Kreative kennen das Phänomen, dass die Lösung eines Problems, an dem sie angestrengt herumdenken, sich gerade dann zeigt, wenn sie entspannt aus dem Fenster sehen oder einen Spaziergang machen. Der brillante Historiker und Philosoph Noah Yuval Harari, dessen Bücher seit einigen Jahren die Bestsellerlisten stürmen, bekennt, dass er in seinen Achtsamkeits-Retreats, zu denen er sich regelmäßig zurückzieht, mehr über das Leben gelernt habe als in seinen Studien und dass er ohne sie seine Bücher nicht hätte schreiben können. In der Stille kommen wir mit einem anderen, weiseren Teil unserer Psyche in Kontakt als im Alltag, und wir treffen Entscheidungen, die mehr unseren eigentlichen Bedürfnissen entsprechen.

Um Stille zu finden, ist es meist wenig sinnvoll, sich wochenlang in seine eigenen vier Wände zurückzuziehen, denn Stille kann durchaus auch etwas Erdrückendes haben, vor allem wenn man nicht daran gewöhnt ist. Besser ist es, einen der verlässlichsten Orte der Stille aufzusuchen, der uns zur Verfügung steht: die Natur. Wirklich *still,* was die Akustik angeht, ist die Natur selbstverständlich nie, doch ihre Geräusche öffnen unseren persönlichen Zugang zur Stille. Die Japaner verwenden den Begriff *chōwa* (調和) für Harmonie; wenn wir in Harmonie mit der Natur sind, kommt auch unser Inneres in Harmonie. In der Stille der Natur schaffen wir uns im Inneren den nötigen Raum, um für unsere Probleme Lösungen zu finden, auf die wir im Alltag nicht gekommen wären.

Was siehst du?

Ein Wanderer kam auf seinem Weg an einer Einsiedelei vorbei, in die sich ein Mönch zurückgezogen hatte, um sich fern vom Lärm der Städte der Meditation zu widmen. Der Wanderer bat den Mönch um etwas Wasser, und der Mönch führte ihn zum Brunnen. Als der Wanderer den Becher, den der Mönch ihm aus dem Brunnen geschöpft hatte, dankbar geleert hatte, fragte er ihn: »Warum lebst du hier allein? Was suchst du in der Stille?« Der Mönch wies auf das Wasser im Brunnen, das noch aufgewühlt war. »Schau in den Brunnen«, forderte er den Wanderer auf, »und sag mir, was du siehst.« Der Wanderer blickte in den Brunnen und sagte erstaunt: »Ich sehe nichts.«

Der Mönch wartete eine Weile und bat den Wanderer erneut: »Schau in den Brunnen. Was siehst du?« Wieder blickte der Wanderer auf das Wasser im Brunnen und antwortete: »Jetzt sehe ich mich selbst.«

»Nun weißt du, warum ich in der Stille lebe«, sagte der Mönch. »Als du das erste Mal in den Brunnen geblickt hast, war das Wasser zu unruhig, um etwas zu erkennen. Jetzt ist es ruhig. Das bewirkt die Stille: Man erkennt sich selbst.«

Ein Leben im Geiste des Zen bedeutet,
immer mit der Natur im Dialog zu stehen.

SHUNMYŌ MASUNO

Die Natur spielt im Leben Japans eine große Rolle. Wenn die Kirschbäume blühen, steht alles kopf, und es kann durchaus passieren, dass in den Nachrichten die Informationen, wo welche Bäume gerade in Blüte stehen, die großen Ereignisse aus der Weltpolitik verdrängen. Dann strömen Menschen jeden Alters in die Parks zum sogenannten *Hanami,* um beim Spaziergang oder Picknick die Kirschblüten zu bewundern. Im Herbst ziehen die leuchtend roten Ahornbäume die Aufmerksamkeit auf sich und im Winter der Schnee. In ihrem zauberhaften Roman *Die Kieferninseln* erzählt Marion Poschmann, wie ihr Held, ein resignierter und vom Leben enttäuschter deutscher Professor, mehr durch Zufall als aus bewusster Entscheidung nach Japan reist, um sich an die Spuren des legendären japanischen Dichters Bashō zu heften und dem Geheimnis der Kiefernbäume auf die Schliche zu kommen. Zwar mokiert er sich den ganzen Roman hindurch über die Japaner und ihre Vorliebe, »Bäume zu bewundern, eine vollkommen nutzlose Sitte, die aber in der japanischen Kultur tief verwurzelt blieb«. Doch am Ende seiner Odyssee durch dieses fremde Land mit seinen fremden Sitten findet er auf überraschende Weise über die Betrachtung der Naturerscheinungen zu einer neuen Lebensperspektive.

Angesichts dieser jahrhundertelangen Vorliebe für die Natur und Bäume verwundert es nicht, dass Ärzte in Japan eine solche

Naturerfahrung sogar auf Rezept verschreiben. Sie nennen es *shinrin yoku,* was wörtlich übersetzt etwa bedeutet: »in der Atmosphäre des Waldes baden« – hierzulande kurz Waldbaden genannt. Diese therapeutischen Maßnahmen beruhen vor allem auf Forschungsarbeiten von Li Qing, einem der führenden Wissenschaftler im Bereich »Forest Medicine« (Waldmedizin wird an japanischen Universitäten tatsächlich gelehrt, und künftige Ärzte können in diesem Bereich eine Zusatzqualifikation erwerben). Seine Studien haben gezeigt, dass Aufenthalte im Wald die Immunabwehr steigern sowie den Blutdruck und den Level an Stresshormonen senken. Die Wirkung wird zurückgeführt auf sogenannte Phytonzide, Duftstoffe, die Bäume absondern, um Schädlinge fernzuhalten, die aber auf den menschlichen Organismus einen allgemein stärkenden Effekt haben. Auf die Psyche wirkt der Wald gleichzeitig vitalisierend und beruhigend, er fördert gleichsam als grünes Antidepressivum Optimismus und positive Gefühle.

> Den Namen des Baumes kannte ich nicht,
> doch ich badete in seinem süßen Duft.
>
> MATSUO BASHŌ

In Japan gibt es bereits 63 zertifizierte Waldtherapiezentren, und Europa beginnt nachzuziehen. Ende 2017 wurde auf Usedom im Badeort Heringsdorf der »erste europäische Kur- und Heilwald« eröffnet, andere Gemeinden wollen diesem Vorbild folgen.

Um Shinrin Yoku zu praktizieren, braucht man im Grunde nur in den Wald zu gehen und dort eine gewisse Zeit zu verbringen, den Rest macht der Wald allein. Als einzige Empfehlungen werden genannt, das Handy und alle anderen Geräte zu Hause zu lassen sowie die Zeit bewusst und größtenteils schweigend zu verbringen, wenn man mit anderen zusammen im Wald unterwegs ist. Nur so kann wirklich in der Atmosphäre des Waldes »gebadet« werden. Achtsamkeit üben intensiviert das Waldbaden enorm, weshalb ich Ihnen eine Übung vorstelle, die Shinrin Yoku mit der Achtsamkeitspraxis verknüpft. Es reicht aus, diese Übung nur zu Beginn eine Zeit lang auszuführen und dann normal weiterzulaufen. Man bewegt sich danach von allein in einer achtsameren Weise, und die Sinne bleiben weiterhin aktiviert.

Shinrin Yoku – achtsames Waldbaden

Für das achtsame Waldbaden lassen Sie Ihr Handy und andere elektronische Geräte zu Hause. Wenn Sie den für Sie passenden Waldweg erreicht haben, gehen Sie eine Weile schweigend in einem Tempo, das Ihnen angenehm ist. Dann verlangsamen Sie Ihre Bewegungen und lassen sich eine Weile auf die folgende Achtsamkeitspraxis ein.

- Sammeln Sie sich im Stehen, und nehmen Sie wahr, wie Ihre Fußsohlen den Boden berühren. Beginnen Sie dann, langsam zu gehen. Nehmen Sie bei jedem Schritt wahr, wie Sie den Fuß anheben, wieder absetzen und abrollen lassen.
- Wenn Sie mögen, können Sie Ihren Atem mit Ihren Bewegungen

synchronisieren; verbinden Sie in diesem Fall den Einatem mit einem, zwei oder drei Schritten, ebenso den Ausatem. Wenn Ihre Gedanken abschweifen, nehmen Sie es einfach nur wahr und kehren mit Ihrer Aufmerksamkeit sanft zu Ihren Schritten zurück.

» Nachdem Sie dies eine Zeit lang getan haben, richten Sie Ihre Aufmerksamkeit nacheinander auf jeden einzelnen Ihrer Sinne.

» Beim Sehen: Konzentrieren Sie sich auf die Schönheit, Farben und Formen um Sie her. Nehmen Sie das Licht wahr, das durch das Blätterdach der Bäume fällt, das Moos auf den Baumstämmen, die Blätter, auf denen noch Regentropfen glänzen.
Beim Hören: Richten Sie Ihre Aufmerksamkeit auf Geräusche, Töne und Klänge. Achten Sie auf den Gesang der Vögel, den Wind in den Bäumen und das Rascheln im Unterholz.
Beim Riechen: Legen Sie den Fokus Ihrer Aufmerksamkeit auf Düfte und Gerüche, auf all die vielfältigen Nuancen. Duftet die Luft frühlingshaft oder herbstlich?

» Zum Abschluss der Übung nehmen Sie Ihre Umgebung mit allen Sinnen gleichzeitig wahr. Lassen Sie Ihr Waldbaden zu einem Fest der Sinne werden.

Anschließend gehen Sie in Ihrem gewohnten Tempo weiter. Sie werden sehen, der Wald leuchtet und duftet nach der Übung intensiver.

Lange Aufenthalte in der natürlichen Stille schärfen unsere Sinne und steigern unsere Empfänglichkeit für die Schönheit der Umgebung. Diese Erfahrung machte ich selbst die zwei Male, die ich den Jakobsweg von den französischen Pyrenäen nach Santiago de Compostela lief, wofür ich jeweils etwa sechs Wochen brauchte. Zwar war ich auf dem Weg nur einige Stunden am Tag wirklich allein, nämlich dann, wenn ich wanderte, und verbrachte den Rest der Zeit mit den anderen Pilgern, denen ich begegnete, doch hat das ausgereicht, um mein Erleben in bemerkenswerter Weise zu verändern: Das problemlösende Denken verringerte sich zugunsten einer gesteigerten Wahrnehmung und eines nicht minder starken Gefühls von Präsenz. Ich hatte den Eindruck, dass meine Sinne wach wurden. Das merkte ich auch, als ich an meinen damaligen Wohnsitz München zurückgekehrt war; als ich in den ersten Tagen durch die Straßen lief, war ich fast betroffen von der Schönheit dieser Stadt, ich nahm Kleinigkeiten wahr, an denen ich Hunderte Male einfach vorbeigegangen war. Dieser »Zustand«, wenn man ihn denn so nennen will, hielt natürlich nur wenige Tage an, das normale Leben hatte mich schneller wieder eingeholt, als mir recht war. Ein solches Gefühl von Präsenz will immer wieder wachgerufen werden, und wiederholte achtsame Aufenthalte in der Natur sind sehr hilfreich.

> Schnee, Wind und Regen schicken
> dir Liebesbriefe. Lerne, sie zu lesen.
>
> **ZEN-MEISTER IKKYŪ**

Die Einsichten, zu denen wir in der Stille der Natur kommen, sind unter anderem vermutlich auch darauf zurückzuführen, dass diese Wachheit der Sinne einen nicht unbeträchtlichen Einfluss auf unser Denken und Erleben hat. Wenn wir wichtige Entscheidungen treffen, ist es von Vorteil, »bei Sinnen« zu sein. Und je mehr wir den Kontakt verlieren zu dieser tieferen, möglicherweise archaischeren Intelligenz, die uns innewohnt, besteht die Gefahr, dass wir mehr und mehr zu Denkmaschinen werden, die einmal erworbene Muster wieder und wieder abspulen. Deshalb ist es wohltuend, sich regelmäßig Zeiten der Stille, der Achtsamkeit, der Natur und der Langsamkeit zu gönnen – und das Leben bei aller Komplexität einfach zu halten.

Das Schöne im Einfachen finden

Die Sehnsucht nach Einfachheit ist kein Phänomen unserer modernen Zeit und natürlich auch keines, das sich nur auf Fernost bezieht, wir finden sie schon in den frühen Zeiten unserer westlichen Kultur. »In der Einfachheit liegt die Schönheit«, schrieb bereits Platon. Die Stoiker rieten zur Einfachheit, und selbst vom Universalgenie Leonardo da Vinci, der gleich in mehreren künstlerischen und wissenschaftlichen Disziplinen brillierte, ist das Zitat überliefert: »Einfachheit ist die höchste Stufe der Vollendung.« Mit ebendiesem Zitat warb Steve Jobs für seine ersten Apple-Computer.

Im Zen stellte Einfachheit schon immer eine Säule des meditativen Lebens dar. Ob es um Räume, Gartenkunst, Tuschemalerei,

Tanz, Theater, Blumenstecken oder die traditionelle Teezeremonie geht – alles ist aufs Wesentliche reduziert, Überflüssiges wird weggelassen. Ein Satz aus dem Zen lautet *ware tada shiru taru,* »Alles, was du brauchst, hast du schon«. Klarheit und Schönheit entstehen, wenn man Dinge weglässt – das ist die entscheidende Botschaft. Und es sind eben gerade die Orte und Momente, an denen auf den ersten Blick nichts geschieht, die dem Geist den Raum bieten, *alles* geschehen zu lassen.

> Still sitzen. Nichts tun.
> Der Frühling kommt.
> Das Gras wächst.
>
> ZEN-WEISHEIT

Der Wunsch, mit der zunehmenden Komplexität zurechtzukommen, hat in den letzten Jahrzehnten immer wieder neue Trends hervorgebracht: von »Downshifting«, »Lessness« und »Simplify« bis zur jüngsten Bewegung, die meist relativ nüchtern als »Minimalismus« bezeichnet wird und immer weitere Kreise zieht. Eine ihrer Ikonen kommt sicherlich nicht zufällig aus Japan. Marie Kondō schrieb mit ihrem Buch *Magic Cleaning* nicht nur einen Weltbestseller, sondern wurde vom *Time Magazine* zu den 100 einflussreichsten Personen gezählt; der einzige Japaner, der noch darunter zu finden war, war Haruki Murakami, der immerhin seit Jahren als kommender Literaturnobelpreisträger gehandelt wird.

Dabei geht es in Marie Kondōs Buch tatsächlich (auf charmante Weise) nur darum, sein Zuhause zu entrümpeln und Ordnung zu schaffen.

Welche positive Wirkung genau das aber auf die Psyche haben kann, zeigt ihr Landsmann Fumio Sasaki, der in einem Buch mit dem äußerst praktischen Titel *Das kann doch weg!* seine Lebensgeschichte erzählt. Eigentlich war er als Cheflektor in einem japanischen Verlag einen erfolgreichen Weg gegangen, doch erdrückt von dem Zwang, Bücher allein nach Marketinggesichtspunkten zu publizieren, litt er unter Depressionen und Gefühlen von Sinnlosigkeit. Das änderte sich von Grund auf, als er mit der neuen Lebensphilosophie des Minimalismus in Kontakt kam und daraufhin alles, was er besaß und tat, auf das Notwendigste beschränkte. Verwundert hat mich, dass er als Erfinder des Minimalismus Steve Jobs nennt, obwohl doch seine eigene Kultur in den Anschauungen von Zen und Wabi-Sabi den Minimalismus zur Blüte geführt hat. Und Steve Jobs war nicht zufällig ein Anhänger der Zen-Philosophie, der in seinen jungen Jahren darüber nachdachte, sich für mehrere Jahre in ein Zen-Kloster zurückzuziehen.

Ich bin mir nicht sicher, ob man seinen Besitz auf das Format von zwei Koffern reduzieren muss, um der Komplexität Herr zu werden. Doch schafft Einfachheit – wo auch immer in unserem Leben wir diese umzusetzen vermögen – auch im Geist Ordnung. Zwar wird Einfachheit allein die Probleme, mit denen wir konfrontiert werden, nicht lösen, aber sie kann die nötige Klarheit schenken, um in schwierigen Zeiten sinnvolle und tragfähige Entscheidungen zu treffen.

Stell dir vor

Ein Fischer lag nach getaner Arbeit in seinem Boot im Hafen und genoss die milde Luft, als ein elegant gekleideter Herr den Kai entlangspazierte und ihn ansprach. »Das Wetter ist gut und verspricht einen ordentlichen Fang, willst du nicht noch einmal ausfahren?« Der Fischer schüttelte den Kopf und antwortete: »Ich bin heute Morgen schon ausgefahren.«

»War der Fang gut?«, fragte der Herr. »So gut, dass ich nicht noch einmal ausfahren muss«, sagte der Fischer. Und auf den irritierten Blick des Herrn hin erklärte er: »Ich habe so viel gefangen, dass ich die nächsten Tage nicht mehr ausfahren muss.«

»Das verstehe ich nicht«, sagte der Herr. »Wenn du heute noch drei, vier Mal ausfahren würdest, könntest du fünf oder gar zehn Dutzend Fische fangen, stell dir das einmal vor.« Der Fischer stellte es sich vor und nickte. »Und wenn du das nicht nur heute, sondern morgen, übermorgen und die nächsten Jahre tun würdest«, überlegte der Herr weiter, »weißt du, was dann geschehen würde?« Der Fischer schüttelte den Kopf.

»Na, in zwei Jahren hättest du ein oder zwei Boote mehr, in vier Jahren einen Kutter«, sinnierte der Herr und redete sich immer mehr in Fahrt. »Du könntest ein Kühlhaus bauen, später eine Fabrik. Dann könntest du deine Fische ins

Ausland exportieren, du würdest viel Geld verdienen, stell dir das vor. Und dann ...« Der Herr verschluckte sich vor Begeisterung.
»Und dann?«, fragte der Fischer. »Dann«, schloss der Herr seine Rede, »dann könntest du beruhigt hier in der Sonne liegen und das herrliche Meer genießen.«
»Aber das tue ich doch jetzt schon«, sagte der Fischer. Und der Herr verabschiedete sich und ging seines Weges. Er war sich nicht sicher, ob er den Fischer bemitleiden oder beneiden sollte.

FREI NACH HEINRICH BÖLL,
»ANEKDOTE ZUR SENKUNG DER ARBEITSMORAL«

In den letzten Jahrzehnten hat sich als Reaktion auf den zunehmenden Stress, Druck und die wachsende Komplexität ein neues Phänomen herausgebildet, das man als Krise des »Alles-zu-viel« bezeichnen könnte. Anders als bei akut auftretenden Problemen, die zumindest den Vorteil haben, dass man sie deutlich als solche erkennt, schleicht sich das Gefühl des Alles-zu-viel quasi unbemerkt durch die Hintertür in unser Dasein. Der chronische Stress und die Erschöpfung werden allmählich so sehr Teil unseres Lebens, dass wir nur in einigen Momenten überhaupt wahrnehmen, dass wir Dinge wie Freude, Sinnhaftigkeit, Zuversicht und Begeisterung schon lange nicht mehr empfunden haben. Und auch wenn es sich »nur« um eine Erschöpfung und nicht gleich um eine

Erschöpfungsdepression oder gar einen Burn-out handelt, kann es auf Dauer quälend werden und unsere Lebensqualität ungeheuer mindern. Hier kann der nüchtern-pragmatische Rat aus dem Zen manchmal Wunder wirken: weglassen, was nicht notwendig ist.

Sich in den Drachen verwandeln

Jede kritische Lebenssituation schickt uns auf eine Art Reise: eine unfreiwillige Reise, auf die wir uns nicht vorbereiten konnten und für die wir keine Landkarte haben. Das Einzige, was wir jetzt tun können, ist, die Herausforderung anzunehmen. Indem wir unseren Geist beruhigen, unsere Ängste in den Griff bekommen und in der Stille nach Antworten forschen, entdecken wir möglicherweise Facetten unseres Selbst, die wir nicht ansatzweise für möglich gehalten haben. Und wir schreiben die Geschichte unseres Lebens neu. Eine weitere Erzählung aus der Welt des Zen zeigt, wie das gehen könnte.

Verwandle dich in einen Drachen

Der Abt eines Zen-Klosters in Kyoto wollte die Decke der Meditationshalle mit einem Drachen schmücken lassen. Man fand einen berühmten Maler, der sich gern dazu bereit erklärte, sich allerdings Sorgen machte, ob er das Gemälde anfertigen könne, da er noch niemals einen echten Drachen gesehen habe. Ob es denn überhaupt Drachen gebe?

Der Abt beruhigte ihn: »Mach dir keine Gedanken darum, dass du noch nie einen Drachen gesehen hast. Verwandle dich einfach in einen und male ihn dann.« »Wie soll ich ein Drache werden?«, fragte der Maler verblüfft. Und der Abt antwortete: »Zieh dich in die Stille zurück und konzentriere deinen Geist darauf. Irgendwann wirst du merken, dass du einen Drachen malen musst *– das ist der Moment, in dem du selbst zu einem geworden bist.« Der Maler tat, wie ihm der Abt geheißen hatte, und nach einigen Monaten in der Stille konnte er den Drachen malen, ja, dieser drängte ihn geradezu, ihm Gestalt zu verleihen. Diesen Drachen kann man noch heute an der Decke der Klosterhalle in Kyoto bewundern.*

»Vielleicht sind alle Drachen unseres Lebens Prinzessinnen, die nur darauf warten, uns einmal schön und mutig zu sehen«, schrieb Rainer Maria Rilke in den *Briefen an einen jungen Dichter.* Vielleicht ist es aber auch jetzt an der Zeit, in sich selbst einen kraftvollen, goldenen Drachen zu entdecken und das Leben zu verwandeln.

生甲斐

3. IKIGAI

Herausfinden, wofür es sich zu leben lohnt

Wir verlangen, das Leben müsse einen Sinn haben –
aber es hat nur ganz genau so viel Sinn,
als wir selber ihm zu geben imstande sind.

HERMANN HESSE

Was ist für Sie der wichtigste, freudigste und inspirierendste Grund, um morgens aufzustehen? Wofür lohnt es sich zu leben? Das sind die Fragen, die das Thema *Ikigai* uns stellt. Die Silben *iki* bedeuten »leben«, *gai* meint »Wert«. Man könnte Ikigai also übersetzen als »das, was unser Leben wertvoll macht«. Das Besondere an Ikigai ist seine aktive Natur: Der persönliche Lebenssinn leitet sich nicht aus einem philosophischen, moralischen oder Glaubenssystem her, sondern aus einer ganz persönlichen Leidenschaft für etwas, was uns wichtig ist und was wir *tun*. In diesem Zusammenhang könnte man auch sagen: Der Sinn des Lebens ist ein Verb.

Zwar verwenden die Japaner diesen Begriff auch für große Lebensziele, doch meist findet man ihn bezogen auf kleine, alltägliche Dinge wie das Genießen einer Tasse Kaffee in der Morgenluft oder die Zubereitung einer guten Mahlzeit. Ikigai zu verspüren vermittelt die Zuversicht, sich ein glückliches Leben schaffen zu können.

Auf Ikigai wurde man im Westen erstmals aufmerksam durch eine aufsehenerregende Studie, die der amerikanische Forschungsreisende und *National-Geographic*-Autor Dan Buettner über die sogenannten Blauen Zonen durchführte, Gebiete, deren Bewohner sich durch eine außergewöhnliche Langlebigkeit auszeichneten. Eine der Blauen Zonen ist die Inselgruppe Okinawa im Süden Japans. Hier leben nicht nur die meisten Hundertjährigen der Welt, sondern ihnen gelingt es auch, mit weit über 100 Jahren ausgesprochen fit und aktiv ihren täglichen Geschäften nachzugehen. Neben gesunder Ernährung, viel Bewegung und ausgeprägtem Gemeinschaftssinn wird die Ursache darin gesehen, dass die Menschen hier viel Ikigai haben – und das sind ebenjene kleinen persönlichen Leidenschaften wie Gemüse pflanzen, den Kindern vorlesen (was wohl bedeutet, ihren Urururenkeln) oder ein Handwerk pflegen. Francesc Miralles und Héctor García, die auf Okinawa selbst dem Geheimnis von Ikigai auf die Spur kommen wollten, zitieren in ihrem Buch *Ikigai* die selbstbewusste Erklärung des »langlebigsten Dorfes der Welt« (Ogimi im Norden Okinawas): »Mit achtzig bin ich noch ein Kind. Willst du mich mit neunzig holen, vergiss es, warte, bis ich hundert bin. Je älter, umso stärker, verhätscheln sollen unsere Kinder uns nicht.« Dies verleiht dem Thema Altwerden noch einmal eine ganz neue Dimension …

Ikigai lebt im Reich der kleinen Dinge.

KEN MOGI

Ikigai bedeutet, mit Hingabe zu leben

Alle Menschen verspüren Ikigai und es gibt meist mehrere Gründe, die es ausmachen. Doch in unserer Stress- und Hochleistungsgesellschaft passiert es allzu oft, dass wir das, wofür es sich zu leben lohnt, schlicht vergessen haben, dass es zugedeckt wird von den vielen Ablenkungen und Aufgaben, denen wir uns stellen müssen. Um es wieder an die Oberfläche zu holen, möchte ich Ihnen die wichtigsten Merkmale schildern, die Ikigai ausmachen, und einen Weg zeigen, wie wir wieder zuhören lernen, was unsere Seele uns zu sagen hat.

Ikigai hat viel zu tun mit dem Erleben von Flow. Diesen Begriff prägte einer der bedeutendsten (und wohl am häufigsten falsch geschriebenen) Psychologen des 20. Jahrhunderts: Mihaly Csikszentmihalyi. Anhand umfassender, jahrzehntelanger Studien identifizierte er einen Glückszustand, der sich völlig unabhängig von äußeren Geschehnissen einstellt, wenn wir uns einer Tätigkeit hingeben, in der wir so aufgehen, dass wir uns selbst vergessen. Wir fühlen uns gleichzeitig entspannt und voller Energie, unser Handeln entfaltet sich spontan und mühelos. Csikszentmihalyi bezog sich in seiner Forschung auf die Erfahrungen von völlig unterschiedlichen Gruppen wie Bergsteigern, Musikern, Schachspielern, Chirurgen, Tänzern, Lesern oder Eltern; das heißt, sofern es sich um eine Tätigkeit handelt, der wir uns ganz und gar hingeben können, steht uns dieses Erleben jederzeit offen. Und das Beeindruckende ist, dass uns diese Glückszustände auf seelischer und geistiger Ebene wachsen lassen. Wer es versteht, sich in den Flow zu begeben, lässt die Schwere der »Sinnfrage« mit all ihren philosophischen, religiösen und psychologischen Dimensionen hinter sich, denn das Erleben des Flow selbst birgt eine unvergleichliche Sinnerfahrung.

> Auch wenn mein Leben kompliziert ist,
> habe ich nicht aufgehört zu lieben.
> Gegenwärtig ist mein Leben eins mit meiner Arbeit.
> Ich tue beides gleichzeitig und
> mit der gleichen Leidenschaft.
>
> ALBERT CAMUS

Weitere Elemente von Ikigai sind die kindliche Neugier und Freude, die es begleiten. Der Zen-Lehrer Shunryū Suzuki, der im hippiebewegten San Francisco der 1960er- und 70er-Jahre eine riesige Schar Schüler anzog und dessen Bücher noch heute zur Standardlektüre jedes Zen-Interessierten gehören, prägte den Begriff des »Anfänger-Geists«. Den Anfänger-Geist bewahren heißt, mit den Augen eines Kindes zu sehen und Abenteuer dort zu erleben, wo andere nur Alltag wahrnehmen. Das erklärt, warum Ikigai nicht in etwas Außergewöhnlichem bestehen muss und erst recht nicht in etwas, was andere beeindruckt. Ikigai ist etwas ganz Persönliches, und seine Lebendigkeit erhält sich durch unsere Beziehung zu ihm.

Der kleine Gärtner und seine Rose

In einer Hochlandregion lebte ein Gärtnerslehrling, der tagein, tagaus die Pflanzen in den Gärten seines Meisters goss, beschnitt, düngte und auf andere Weise ihr Gedeihen förderte. Nicht dass er diese Tätigkeit besonders schätzte, doch sie ermöglichte ihm ein bescheidenes Auskommen.
Eines Tages jedoch entdeckte er eine Blume mitten zwischen den anderen, wie er sie noch nie zuvor gesehen hatte. Der junge Gärtner verliebte sich in die Rose und widmete sich mit aufopferungsvoller Liebe ihrer Pflege. Irgendwann, nach langer Zeit, gewann er den Eindruck, dass sie seine Liebe nicht erwiderte und auch nicht verdiente, und er wurde ihrer überdrüssig. Er beschloss, das Hochland zu verlassen und sein Glück in fruchtbareren Regionen zu suchen.
Nach vielen Abenteuern fand er eine Anstellung bei einem weisen Gärtnermeister, der sein Talent erkannte und beschloss, ihn in sein Heiligtum zu führen und dort auszubilden: den Rosengarten. Als der Gärtnerslehrling aber die vielen Rosen sah, die seiner eigenen Rose so sehr glichen, jener Blume, die er niemals hatte vergessen können, war er verzweifelt. Er war immer davon überzeugt gewesen, dass seine Rose einzigartig sei, und nun sah er Hunderte davon!
Als er dem Meister sein Herz ausschüttete, sagte dieser zu ihm: »Es ist die Zeit, die du auf deine Rose verwendet hast, die sie so wichtig und wertvoll für dich macht. Wir lieben,

was wir uns vertraut machen, und deshalb wird deine Rose für dich immer besonders bleiben.« Und der junge Gärtner erkannte, dass der Meister recht hatte. Zwar würde ein Ahnungsloser zwischen seiner und den vielen anderen Rosen keinen Unterschied sehen, doch er selbst wusste, dass es anders war, denn er hatte ihr alle Fürsorge geschenkt, zu der er fähig war. So kehrte er, um viele neue Erkenntnisse bereichert, zurück ins Hochland zu seiner Rose, die auf ihn wartete.

FREI NACH ANTOINE DE SAINT-EXUPÉRY, »DER KLEINE PRINZ«

In Japan erfreut sich alles, was im weiteren Sinne mit Handwerk zu tun hat, großer Beliebtheit – ob es sich um die Arbeit mit Holz, Keramik und Metall handelt oder um Kochen, Gärtnern, Blumenstecken und Manga-Zeichnen. Auch Kintsugi ist in allererster Linie ein Handwerk, weshalb es Respekt genießt. Jeder Form der Handwerkskunst wohnt Geschicklichkeit inne, und die Sinnhaftigkeit wird durch das Tun selbst freigesetzt. Wir kommen in Kontakt mit unseren Sinnen, denn es sind das Sehen, Hören, Riechen, Tasten und Schmecken, die uns mit der äußeren Welt verbinden. Darüber hinaus finden wir in den Flow, schenken einer Sache unsere Fürsorge und schaffen damit etwas, was anderen Freude macht oder ihnen nützt. Mit Letzterem nähren wir das *chōwa* (調和), die Harmonie. Ein wichtiges Element des Ikigai besteht darin, in Harmonie mit anderen Menschen und der Umwelt zu leben, und das tun wir am ehesten, wenn wir ihnen durch unser Handeln etwas geben. Unser Bedürfnis nach Zugehörigkeit und danach, uns als Teil eines größeren Ganzen zu erfahren, wird gestillt. Die Menschen in Okinawa nutzen gerade in dieser Hinsicht die positiven Wirkungen von Ikigai umfassend für ihr Wohlbefinden.

> Je mehr wir zu lieben und uns hinzugeben fähig sind,
> desto sinnvoller wird unser Leben.
>
> HERMANN HESSE

Im Zusammenhang mit dem Handwerk ist noch ein weiteres Merkmal bedeutsam. Es ermöglicht uns, unsere Fähigkeiten immer weiter zu verfeinern und uns weiterzuentwickeln. Typisch für Japan ist ein unermüdliches Bemühen um Qualität, Japaner sind im positiven Sinne Perfektionisten. Steht das im Widerspruch zu den negativen Folgen von Selbstoptimierung, wie wir sie im ersten Kapitel angesprochen haben? Keineswegs. Selbstoptimierung beruht darauf, dass wir immer höher werdende Maßstäbe der Umwelt zu unseren eigenen machen beziehungsweise dass wir uns bemühen, Ansprüchen gerecht zu werden, von denen wir glauben, dass andere sie an uns stellen. Ein Zustand von Perfektion in diesem Sinne ist dauerhaft nicht möglich, und das Streben danach führt mit fast hundertprozentiger Sicherheit irgendwann zu Gefühlen von Frustration und Versagen. Wenn wir uns jedoch einer Sache mit Hingabe widmen und uns stetig um Weiterentwicklung bemühen, unabhängig vom »Punktestand« in der Außenwelt, kann das eine stark sprudelnde Quelle von Sinn und Zufriedenheit darstellen.

Wenn wir Anerkennung für unser Tun bekommen, dürfen wir uns natürlich von Herzen darüber freuen. Da diese jedoch nach Kriterien vergeben wird, die wir nur begrenzt kontrollieren können, ist es besser, sich davon, soweit es eben geht, unabhängig zu machen. Wenn wir die Freude an unserem Ikigai verlieren, nur weil wir das Gefühl haben, dass sich niemand dafür interessiert, verliert es für uns an Stärke. Der japanische Neurowissenschaftler und Autor Ken Mogi erzählt von den Musikern des japanischen Kaiserhauses, die anlässlich der unzähligen traditionellen Zeremonien und Rituale am Hof zusammenkommen und bis spät in die Nacht zusammen musizieren. Das Besondere daran: Die Musiker spielen ohne Publikum. In Japan scheint das niemand ungewöhnlich zu finden. Was auch immer wir tun – wenn wir es mit so viel Liebe und Hingabe ausüben, dass wir keinen Applaus benötigen, dann handelt es sich vermutlich um Ikigai.

Der Straßenfeger und der Philosoph

Ein Straßenfeger kehrte mit großer Sorgfalt die Hauptstraße seines Dorfes. Er liebte seine Arbeit, denn er wusste, dass die Reinlichkeit des Ortes seinen Nachbarn sehr am Herzen lag, und so pfiff er fröhlich vor sich hin. Da sprach ihn ein gut gekleideter Mann an: »Mich wundert, dass du so heiter bist. Deine Arbeit ist mühsam, schmutzig und langweilig. Hast du nichts Besseres gefunden? Ich bedauere dich.« Der Straßenfeger war überrascht und fragte: »Mein Herr, sagen Sie mir doch, welcher Arbeit Sie nachgehen, vielleicht kann ich von Ihnen etwas lernen.« »Ich bin Gelehrter und Philosoph«, antwortete der Mann stolz, »ich studiere den menschlichen Geist und suche den Sinn des Lebens. Und diesen erkläre ich dann den Menschen.« Der Straßenfeger überlegte und sagte dann: »Ich bedauere Sie auch.« Er wollte sich weiter seinem Tagwerk widmen, doch der Mann fragte ihn sichtlich irritiert: »Warum bedauerst du mich?« Der Straßenfeger lächelte und antwortete: »Nun, ich sehe, Ihnen geht es auch nicht besser als mir.«

Manche Menschen haben das Glück, schon in ihrer Kindheit ihr Ikigai zu finden, das sie durch ihr Leben trägt. Viele entdecken es erst später, und nicht selten finden wir auch im Lauf unseres Lebens ein neues Ikigai, das an die Stelle des alten tritt. Die Art und Weise, wie man sein Ikigai findet, ist individuell.

Der japanische Schriftsteller und Bestsellerautor Haruki Murakami erzählt in einem autobiografischen Buch, dass er als junger Mann verrückt nach Jazz war und schon in seiner Studienzeit zusammen mit seiner Frau eine Jazzkneipe eröffnete, sodass er den ganzen Tag Musik hören konnte. Dann, eines Tages, kam ihm mitten während eines Baseballspiels im Stadion spontan der

Gedanke, dass er einen Roman schreiben werde: »Ich hatte das Gefühl, etwas wäre langsam vom Himmel gesegelt und ich hätte es mit den Händen aufgefangen. Warum es zufällig in meinen Händen landete, weiß ich nicht. Doch was auch immer der Grund sein mag, es ist geschehen. Es war – wie soll ich sagen – eine Offenbarung.«

> Für jeden von uns gibt es etwas ganz Besonderes,
> das sich ihm nur in einem bestimmten Augenblick als
> schwache kleine Flamme darbietet.
>
> HARUKI MURAKAMI

Wer nun aber meint, dass Murakami seine Romane in ähnlicher Weise als Offenbarung empfangen würde, wie es der verbreiteten Vorstellung von einem genialen Künstler entspräche, ist erstaunt zu lesen, mit welcher Akribie Murakami an seinen Fähigkeiten arbeitete, um seinen eigenen, unverwechselbaren Stil zu entwickeln. Dieser war dann allerdings so ungewöhnlich, dass die japanische Literaturszene erst überhaupt nichts damit anfangen konnte. Erst der große Erfolg seiner Bücher im Ausland machte den Autor auch in Japan bekannt. Die Art und Weise, wie Murakami an die Gestaltung seiner Figuren und Plots geht, steht in der besten Tradition japanischen Handwerks. Und dass man den Autor auf den großen Literaturevents meist vergebens sucht, liegt daran, dass er – wie er selbst sagt – einfach seine ganze Energie in das stecken möchte, was ihm Freude macht: zu schreiben. Auch er hat wie die Musiker am kaiserlichen Hof kein Problem damit, ohne Publikum zu spielen.

Wir brauchen glücklicherweise keine Offenbarung, um unser Ikigai zu finden, meist reicht ein aufmerksames Betrachten und Erforschen des eigenen Lebens. Die folgenden Fragen können dabei helfen. Sie führen Sie zunächst in Ihre Kindheit und Jugend, wo sich häufig schon viel Gold verbirgt. Besonders interessant ist das Alter zwischen acht und zwölf, denn in dieser Zeit, wenn wir beginnen, uns nicht mehr ganz über Eltern und Familie zu definieren, aber noch nicht den Stürmen der Pubertät ausgeliefert sind, sind wir sehr eigenwillige Entdecker. Der zweite Teil bezieht sich auf Ihr heutiges Leben.

Die Suche nach dem Ikigai

Nehmen Sie sich ein wenig Zeit für die Fragen, und notieren Sie Ihre Antworten auf einem Blatt Papier. Wenn Ihnen nichts mehr einfällt, lassen Sie das Blatt liegen, und ergänzen Sie, falls Ihnen später doch noch Ideen kommen.

Denken Sie an Ihre Kindheit und Jugend zurück:

- » Welche Tätigkeiten haben Ihnen besonders viel Freude gemacht? Was hat Sie die Zeit und alles andere um Sie herum vergessen lassen? Versuchen Sie, auf mindestens fünf Antworten zu kommen.
- » Welche Menschen haben Sie inspiriert? Überlegen Sie, warum diese Sie motiviert haben.

- » Wovon haben Sie geträumt, was wollten Sie in Ihrem Leben verwirklichen? Gab es Fantasien, denen Sie immer wieder nachhingen?
- » Denken Sie an Zeitspannen, in denen Sie besonders glücklich waren. Was haben Sie in diesen Zeiten getan?

Heute – in der Betrachtung zurück bis zum 18. Lebensjahr:

- » Welche Tätigkeiten schenken Ihnen Erfahrungen von Flow? Denken Sie nicht nur an den privaten, sondern auch an den beruflichen Bereich; Csikszentmihalyis Studien haben ergeben, dass wir im Beruf sogar häufiger Flow erleben als in unserer Freizeit. Behalten Sie die Merkmale von Flow im Sinn: die Zeit und sich selbst vergessen, sich entspannt und voller Energie fühlen, von seinem Tun absorbiert sein, sich als eins mit seiner Umwelt, seiner Tätigkeit und dem Leben empfinden.
- » Gibt es einen Bereich in Ihrem Leben, in dem Sie Freude daran haben, Ihre Fähigkeiten immer weiter zu verfeinern – ohne dass es darum geht, Anerkennung durch die Umwelt zu erfahren?
- » Welche Tätigkeiten vermitteln Ihnen eine tiefe Sinnerfahrung?
- » Mit welchen Aktivitäten, die Sie gern ausüben, schenken Sie anderen Fürsorge oder Freude? Denken Sie bewusst an die kleinen Dinge. Vielleicht sind Sie ein einfühlsamer Zuhörer, backen besonders guten Apfelkuchen oder bringen mit Ihren komischen Geschichten Kinder zum Quietschen.

Wenn Sie Ihr Ikigai gefunden haben, reservieren Sie sich am besten regelmäßig Zeit, um sich dem zu widmen. Die Japaner lieben kleine Rituale, die den Tag, die Woche und das Jahr strukturieren. »Ikigai-Zeit« als festes Ritual einzuplanen entbindet einen von der Herausforderung, sich immer wieder Zeit dafür zu nehmen – und Zeit ist mittlerweile für die meisten ein knappes Gut geworden.

Das Große im Kleinen finden

Möglicherweise stellt sich jetzt die Frage: Und was ist mit den wirklich großen Lebenszielen? Ist das Konzept von Ikigai nicht zu klein, um ein Leben zu erfüllen? Müssen wir nicht unseren Planeten retten, uns für Toleranz einsetzen oder uns von einem anderen großen Ziel leiten lassen? Ich denke, das eine schließt das andere nicht aus. Das beste Beispiel dafür ist Nelson Mandelas Gefängnisgarten, von dem im ersten Kapitel die Rede war. Mandelas großes Lebensziel war eindeutig: das Ende der Apartheid und ein gerechtes, demokratisches Südafrika. Dafür lebte und kämpfte er, und dafür wird er unvergessen bleiben. Der Garten auf Robben Island aber war sein Ikigai, das ihn während seiner jahrzehntelangen Haftstrafe stützte. Er erfüllte alle Merkmale eines Ikigai: Mandela widmete seine Liebe und Fürsorge seinen Pflanzen und erlebte Glücks- und Sinnerfahrungen, wie sie an diesem Ort nicht im Übermaß zu finden waren. Und er teilte das Gemüse und die Früchte mit seinen Mitgefangenen, was sein Empfinden von Zugehörigkeit stärkte. Mandelas Geschichte zeigt, wie sehr Ikigai im Sinne von Kintsugi förderlich sein kann. Ikigai haben und Sinn erfahren verleiht die nötige Energie, um schwierige Zeiten durchzustehen und Akzeptanz zu üben.

Wenn wir religiös fest verankert sind, gelingt das zweifellos leichter – das haben umfängliche Studien eindeutig ergeben. Und es geschieht auch nicht selten, dass Krisen uns öffnen für spirituelle Lehren und wir daraus viel Kraft schöpfen. Darüber hinaus jedoch haben sich gerade die auf den ersten Blick »kleinen« Sinnkonzepte als erstaunlich kraftspendend erwiesen, das heißt die Besinnung auf Dinge, die uns ganz persönlich Erfahrungen von Liebe und Sinn ermöglichen.

> Sieht der Mensch der Wahrheit furchtlos ins Auge,
> dann erfasst er, dass sein Leben nur den Sinn hat,
> den er selbst ihm gibt, indem er seine Kräfte entfaltet.
>
> ERICH FROMM

Viele Katastrophenopfer berichten von einer Änderung ihrer Lebensziele nach dem Unglück. Das Streben nach Wohlstand, Erfolg und Statussymbolen verringert sich zugunsten einer Wertschätzung der kleinen alltäglichen Dinge. Das Lächeln eines Kindes, das Teetrinken mit Freunden, die Zuneigung eines Haustiers werden plötzlich bedeutsam, wenn wir kurz davor gestanden haben, dies möglicherweise nie mehr erleben zu dürfen. Philippe Pozzo di Borgo, dessen Geschichte durch den Film *Ziemlich beste Freunde* einem großen Publikum bekannt geworden ist, musste sich nach einem Unfall der Herausforderung stellen, sein Leben ab sofort vom Hals abwärts gelähmt zu führen. Er, der vorher über Geld, Erfolg und Luxus im Überfluss verfügt hat, fand sich vollkommen hilflos an einen Rollstuhl gefesselt wieder. Er schreibt, dass ihn sein Schicksal eines gelehrt habe: »Alles, was ich bin, bin ich im Augenblick.« Da weder der Blick auf die Vergangenheit noch auf die Zukunft Freude mache, finde er Sinn im Genuss einer Tasse Kaffee oder im Betrachten einer Blume.

Es wäre gut, wenn wir nicht erst an solche Wendepunkte im Leben gelangen müssten, um das, was wir im Alltag als selbstverständlich hinnehmen, schätzen zu lernen. Lassen Sie uns lieber gleich jetzt damit beginnen.

Sinn in schwierigen Zeiten

In diesem Zusammenhang rückt ein weiterer Mensch in den Blickpunkt, der in seinem Leben und Wirken Kintsugi in beeindruckender Weise verkörpert hat: Viktor Frankl. Als junger Neurologe und Psychiater im Wien der 1920er- und 30er-Jahre setzte er sich intensiv mit der Arbeit von Sigmund Freud und Alfred Adler auseinander und entwickelte einen eigenen Ansatz der Psychotherapie, der unter dem Namen »Logotherapie« bekannt wurde und als »Dritte Wiener Schule« gilt. Das Besondere an seinem Ansatz war, dass er die Suche nach dem Sinn in den Mittelpunkt seiner Arbeit stellte. Seine revolutionären Erkenntnisse waren als Theorie ausgearbeitet und hatten bereits Anerkennung erhalten, als eine böse Ironie des Schicksals ihn in das grausamste Trainingscamp schickte, das man sich nur vorstellen kann, um diese Theorien quasi in der Praxis zu überprüfen: Weil er Jude war, wurde er 1942 ins Konzentrationslager Theresienstadt deportiert, später noch in drei weitere KZs, darunter Auschwitz.

Wie findet man Sinn, wenn einem alles genommen wurde? In seinem Buch *… trotzdem Ja zum Leben sagen,* das weltweit viele Millionen Auflage hatte, erzählt Viktor Frankl davon, wie er und andere Insassen die Kraft fanden zu überleben, und entfaltet eine Lebensphilosophie, die sogar im Leiden selbst einen Sinn findet. Denn auch wenn einem Menschen das schöpferische und genießende Leben verschlossen ist, so hat er immer noch die Freiheit, darüber zu entscheiden, wie er sein Schicksal auf sich nimmt. Die Frage, die sich der leidende Mensch stellt, darf nicht lauten: Warum ist meine Lebenssituation so schwierig, bedrückend und ungerecht? Sondern: Wie soll ich darauf antworten, wozu fordert sie mich auf? Aus diesem Grund, so schreibt Frankl, kann die Frage nach dem Sinn des Lebens niemals allgemein beantwortet werden, sondern es gibt nur individuelle, konkrete Antworten darauf – ebenso einzigartig, wie jeder Mensch einzigartig ist.

> Die geistige Freiheit des Menschen, die man ihm
> bis zum letzten Atemzug nicht nehmen kann,
> lässt ihn auch noch bis zum letzten Atemzug
> Gelegenheit finden, sein Leben sinnvoll zu gestalten.
>
> VIKTOR FRANKL

Selbst in den Schrecknissen der KZs fanden Menschen Wege, um der Resignation, dem Erlöschen ihres Lebenswillens zu entkommen: Frankl erzählt von Insassen, die andere trösteten und ihnen Brotkrumen zusteckten und auch unter diesen Umständen Mitgefühl entwickeln konnten. So gelang es ihnen, selbst in dieser Situation verantwortungsvoll auf die Fragen zu antworten, die das Schicksal ihnen stellte. Und dieses Mitgefühl, das Frankl auch selbst als Bedürfnis empfand und ausdrückte, indem er sich um seine Mitgefangenen kümmerte, stellte sich als Stärke heraus. Menschen, die andere unterstützen, die sich in einer ähnlichen Situation befinden wie sie selbst, können ihre Psyche stabilisieren, weil sie erfahren, dass sie inmitten von Härte und Ungerechtigkeit etwas bewirken können. Dies bestätigt, wie sehr es hilft, sich in Harmonie mit der Umwelt zu befinden – selbst in Umständen, die fast keine Harmonie mehr zulassen.

Frankl stellte fest, dass Insassen, die ein reiches Innenleben besaßen, in der Lage waren, sich von den unmenschlichen Zuständen zu distanzieren und zumindest in ihrem Geist Gefühle wie Liebe und Freude zu bewahren. Selbst wenn ihnen zu jener Zeit der Sinn von allem nicht klar war, gab es die Hoffnung, dass er sich ihnen später, wenn alles vorbei war, enthüllen würde. *Herausfinden, wofür es sich zu leben lohnt* – dieses Kintsugi-Werkzeug entschied im Wortsinn über Leben und Tod.

Viktor Frankl arbeitete in den Lagern als Therapeut und war auch in dieser Situation sinnschaffend tätig. Doch was ihm Stärke verlieh, war vor allem das Gefühl von Liebe, die letztlich an der Wurzel jedes wie auch immer gearteten Sinns steht.

Als er sich eines Morgens auf einem winterlich kalten Marsch zu seinem Arbeitsplatz befand, bewacht von den Aufsehern mit Gewehren und Peitschen, dachte er an seine Frau Tilly, die in einem anderen KZ untergebracht war. In diesem Moment wurde ihm klar, dass in seiner Liebe zu ihr der Sinn seines Lebens bestand. Der Wunsch, sie und seinen Bruder wiederzusehen, vermittelte ihm die ganze folgende Zeit über eine tiefe Sinnerfahrung. Er schreibt: »Je mehr man sich selbst vergisst – indem man sich selbst einem Zweck hingibt, um zu dienen oder um von einer anderen Person geliebt zu werden, desto menschlicher ist man.«

> Wer lebt, ohne sich je zu fragen,
> wozu er lebt, hat eine große Chance vertan.
> Und nur das Leid treibt einen dazu,
> sich diese Frage zu stellen.
>
> TIZIANO TERZANI

In diesem Kapitel wurde nur ein einziges Kintsugi-Werkzeug vorgestellt: *Ikigai* oder *Herausfinden, wofür es sich zu leben lohnt,* doch das hat es in sich. »Wer ein Warum zu leben hat, erträgt fast jedes Wie«, lautet die bekannte Kurzfassung eines Satzes von Friedrich Nietzsche. Für Viktor Frankl wurde es zum Motto seiner Logotherapie. Für uns kann es eine Ermutigung sein, schon in guten Zeiten unser eigenes Warum zu finden. Denn in schwierigen Zeiten kann es als starker Schutzschild dienen.

改善

4. KAIZEN

Die Chance der kleinen Schritte

Wanderer, es gibt keinen Weg.
Der Weg entsteht im Gehen.

ANTONIO MACHADO

Wenn wir Kintsugi auf unser Leben und schwierige Zeiten anwenden, bedeutet es vor allem, in unserer Wahrnehmung, Perspektive und Einstellung sowie im Denken und Fühlen neue Wege zu gehen, die uns erlauben, anders, das heißt positiv und heilsam, mit der Situation umzugehen. Doch entscheidend für ein Herausfinden aus der kritischen Situation ist auch, dass wir irgendwann ins Handeln kommen. Ob wir von unserem Geschäftspartner betrogen wurden oder eine Kündigung erhielten, ob eine Beziehung in die Brüche ging oder wir auf ganzer Linie gescheitert sind – der Schock vermag uns eine Zeit lang in einen starken Zustand der Lähmung zu versetzen. Das kann sich auf zwei Arten äußern: Entweder wir versinken in Passivität, erfahren Gefühle von Sinnlosigkeit, und unsere Gedanken drehen sich in einer gefährlichen Spirale nur noch um den Anlass, der uns zu Boden gehen ließ. Oder wir verfallen in einen blinden Aktionismus; da wir das Problem so rasch wie möglich aus der Welt schaffen wollen, beschäftigen wir uns mit nichts anderem und stürzen uns von einer Aktion in die nächste, um bloß nicht zur Ruhe zu kommen und das ganze Ausmaß des Schadens wahrnehmen zu müssen. Auch dies bedeutet eine Art von Lähmung, denn wir schneiden uns von den wertvollen Ressourcen ab, die uns einen besseren Ausweg ermöglichen könnten.

> Denn das liegt jetzt in meiner
> Macht: meinem Leben die Richtung
> auf das Gute zu geben!
>
> LEO TOLSTOI

Ein Handeln im Sinn von Kintsugi versucht, sowohl das eine als auch das andere Extrem zu vermeiden. Es geht – wie sollte es nach allem, was wir über die japanische Lebenshaltung mittlerweile wissen, anders sein? – um einen Weg der Stetigkeit und Gelassenheit, der mit dem Mut, klein anzufangen, beginnt und mit der Beharrlichkeit, in kleinen Schritten voranzuschreiten, weiterführt.

Der Mut, klein anzufangen

In Zeiten, in denen wir von der Schwere dessen, was uns geschehen ist oder gerade geschieht, niedergedrückt werden und wir wie paralysiert eine Realität betrachten, der wir nicht entkommen können, kann es einen monumentalen Akt bedeuten, sich überhaupt in Bewegung zu setzen. Wie schwer das ist, wissen wir alle. »Hinfallen, aufstehen, Krönchen richten, weitergehen« – dieser Spruch begegnet uns seit einigen Jahren überall, wo wir hinschauen, ich lese ihn jeden Morgen auf der Fußmatte meiner Nachbarin, wenn ich das Haus verlasse, und abends bei meiner Rückkehr. Markige Bonmots wie das von Tatmensch Winston Churchill, »Die Kunst ist, einmal mehr aufzustehen, als man umgeworfen wird«, und vielen anderen sollen motivieren, »den Hintern hochzukriegen« und endlich wieder das zu tun, was von einem erwartet wird: weitermachen, als wäre nichts geschehen – am besten mit einem Lächeln auf den Lippen und einem lässig dahingesagten »Alles gut!«. Und wenn das nicht möglich ist, fühlen wir uns noch schlechter. Doch wie steht man wieder auf, wenn das eigene Erleben der beste Beweis für die Wahrheit der newtonschen Schwerkraftgesetze zu sein scheint?

Um ins Handeln zu kommen, sind die Kintsugi-Werkzeuge des Wabi-Sabi, *Akzeptieren* und *Selbstmitgefühl*, wesentlich, denn sie vermitteln uns die nötige emotionale Stabilität. *Achtsamkeit, Stille* und *Einfachheit* aus dem Zen helfen uns, Ordnung in unser inneres Chaos zu bringen und Klarheit zu entwickeln. Und indem wir uns unserem *Ikigai* widmen, können wir genau damit die ersten Schritte mithilfe von etwas tun, was wir lieben. Denn dieses Aufstehen und die ersten Schritte beziehen sich durchaus nicht unbedingt auf das »große«, problemlösende Handeln, das wir von uns erwarten könnten.

> Auch die längste Reise
> beginnt mit einem ersten Schritt.
>
> LAOTSE

Deutschlands bekanntester Krisenpsychologe Georg Pieper rät ebenfalls dazu, sich zunächst einzugestehen, dass man sich in einer schwierigen Situation befindet und aus diesem Grund den Alltag nicht in derselben Weise meistern kann wie zuvor. Aus dieser Position heraus ist es möglich, sich kleine Etappenziele zu setzen, die in banalen Alltagstätigkeiten bestehen können, wie morgens aufzustehen, regelmäßig zu essen, den Haushalt zu führen und derlei Dinge mehr. Später kann man peu à peu in weiteren Etappenzielen die problematische Situation selbst angehen. Er zeigt anhand des Beispiels von Überlebenden des Tsunamis in Ostasien, wie das auch in Extremsituationen wirkt: Alle Betroffenen befanden sich nach der Katastrophe in einem Zustand der Betäubung und Lähmung, doch was diejenigen, die daran nicht zerbrochen sind, auszeichnete, war ihre Bereitschaft, den Verlust anzunehmen und in kleinen Schritten mehr und mehr Trümmer wegzuräumen, um Platz zu schaffen für den Wiederaufbau. Sie standen im Gegensatz zu denen, die erst wieder handlungsfähig wurden, als Hilfsorganisationen ihnen neue Häuser errichtet hatten. Erstere konnten das Unglück deutlich besser verarbeiten und sich schneller erholen.

Und wie macht man den ersten Schritt? Die Antwort lautet: Beginnen Sie mit dem kleinsten Schritt, der Ihnen irgend möglich ist, auch wenn er nur darin bestehen sollte, einmal um das Haus zu gehen oder eine Zwei-Zeilen-E-Mail an eine Freundin zu schreiben. Und das tun Sie dann jeden Tag. Sollte auch das zu mühsam sein, reduzieren Sie den Schritt noch weiter, doch bleiben Sie dabei. Das Interessante ist, dass selbst ein minimaler Schritt Bewegung in unseren Geist bringt, und der nächste Schritt geht leichter. Ein japanischer Psychiater namens Shōma Morita entwickelte in der ersten Hälfte des 20. Jahrhunderts eine Psychotherapie, die darauf basiert, dass wir über unseren Körper mehr Kontrolle haben als über unser Denken und Fühlen (und wer es schon einmal mit der Meditation probiert hat, wird dem vermutlich zustimmen). Auch die Morita-Therapie, die in den Anschauungen des Zen wurzelt, setzt die Akzeptanz an den Beginn der Krisenbewältigung, dann aber geht es darum, einen Weg zu finden, sich in Bewegung zu setzen.

> Geh deinen Weg und sei der beste
> unvollkommene Mensch, der du sein kannst.
> Und beginne mit dem, was du
> getan haben möchtest, bevor du stirbst.
>
> SHŌMA MORITA

Es gibt einen alten buddhistischen Begriff, *ocho,* der in etwa bedeutet: etwas überwinden, indem man um es herumgeht. Steht man also vor einem Problem, das sich anfühlt wie eine Mauer, die zu hoch ist, um über sie hinwegzusteigen, und zu dick, um sie zu durchbrechen, so sollte man nicht lange damit verweilen, tatenlos davorzusitzen und darüber nachzugrübeln, wie man sie trotzdem überwinden kann, sondern versuchen, einen Weg zu finden, der um sie herumführt, auch wenn dies einen sehr langen Umweg bedeuten sollte. Haben wir erst einmal den Zustand des »Schockgefroren-Seins« hinter uns gelassen, löst das eine positive Eigendynamik aus. Und wir sind bereit für die nächsten Schritte, wobei uns das Kintsugi-Werkzeug *Kaizen* eine enorme Hilfestellung bieten kann.

Große Veränderungen durch kleine Schritte

Wenn wir uns auf die Spuren von Kaizen begeben, führt uns das interessanterweise nicht in die Welt der alten, ehrwürdigen japanischen Traditionen, sondern in die erste Hälfte des 20. Jahrhunderts. Und obwohl Kaizen als zutiefst japanisch gilt, handelt es sich um eine Art Melange von Ost und West, denn der erste Impuls dafür kam erstaunlicherweise aus den USA. Während des Zweiten Weltkriegs stand die US-Regierung unter dem Druck, rasch sowohl die Quantität als auch die Qualität ihrer Maschinen zu verbessern, um schnell Nachschub liefern zu können. Ein Team erarbeitete daraufhin ein Manual für Manager, um eine kontinuierliche Verbesserung zu gewährleisten. Die Idee bestand darin, dass jeder einzelne Mitarbeiter des jeweiligen Betriebs, vom niedersten bis zum höchsten Rang, mit Vorschlägen für kleine Schritte dazu beitragen sollte. Es funktionierte: All diese vielen kleinen Schritte, die überall in den USA getan wurden, führten binnen kurzer Zeit zu mehr Qualität und Effizienz.

Als General Douglas MacArthur die Aufgabe übernahm, nach dem Krieg das verwüstete Japan wiederaufzubauen, führte er dieses Konzept in der japanischen Wirtschaft ein. Und auch wenn es für die Japaner neu war, dass Mitarbeiter gegenüber Höhergestellten Vorschläge äußerten, entsprach die Idee der kleinen Schritte so sehr ihrer eigenen Weltanschauung, dass sie sich diese rasch zu eigen machten – als *kaizen,* das meist als »kontinuierliche Verbesserung« übersetzt wird. Während man in den USA das Konzept bald wieder vergaß, legte Kaizen in Japan die Basis für das bald einsetzende Wirtschaftswunder und den Erfolg von Unternehmen wie Toyota, die diese Philosophie der kleinen Schritte konsequent verfolgten – was später wiederum die Aufmerksamkeit des Westens auf Kaizen lenkte.

> Es spielt keine Rolle, wie langsam du gehst,
> solange du nicht stehen bleibst.
>
> KONFUZIUS

Kaizen lässt sich nicht nur in der Wirtschaft, sondern in allen Bereichen unseres Lebens anwenden, in der wir eine Weiterentwicklung wünschen. Die gängige Methode, sich das Ziel hell und leuchtend vorzustellen und sich jeden Tag ganz auf dieses Ziel hin auszurichten, ist zwar äußerst wirksam, wenn sich die gewünschten Fortschritte rasch einstellen. Handelt es sich jedoch um einen schwierigeren und langwierigen Prozess, so kann der Vergleich der

Realität, wie sie tatsächlich ist, mit der Realität, die wir verwirklichen wollen, entmutigen und das Gefühl hervorrufen, dass es ja doch keinen Zweck hat.

In seinem philosophischen Kinderroman *Momo* lässt Michael Ende die Figur Beppo Straßenkehrer seiner kleinen Freundin Momo erklären, wie er seine Arbeit macht. Manchmal hat er eine sehr lange Straße vor sich, und dann beschleicht ihn die Angst, dass es ihm niemals gelingt, sie sauber zu bekommen. Also fängt er an sich zu eilen und immer mehr zu eilen, weil er das Gefühl hat, dass die Strecke gar nicht kürzer werden will. Dann ist er erschöpft, und die Straße liegt immer noch unverändert vor ihm. So funktioniert das nicht. »Man darf nie an die ganze Straße auf einmal denken, verstehst du? Man muss nur an den nächsten Schritt denken, an den nächsten Atemzug, an den nächsten Besenstrich.« Und auf einmal merkt er, dass er die ganze Straße gekehrt hat.

Kaizen reduziert die Angst, sein Ziel nicht zu erreichen, weil der Widerstand gegen derart kleine Schritte gar nicht erst aktiviert wird. Denn jede Veränderung macht Angst. Das gilt auch für Krisensituationen, in denen wir in Schockstarre oder einem wirren Aktionismus verharren, weil wir den Schmerz nicht fühlen wollen. Je kleiner die Schritte aber sind, umso besser umgehen sie diesen hirnphysiologisch eingebauten Widerstand und verursachen keinen Stress. Insofern ist Kaizen ein guter Weg, um »die Mauer zu überwinden, indem man um sie herumgeht«.

Die folgende Übung führt Sie allgemein gehalten durch einen Kaizen-Prozess, den Sie individuell an Ihre Situation und Ihre Bedürfnisse anpassen können.

Die Praxis des Kaizen

Welchen ersten kleinen und einfachen Schritt können Sie tun, um Ihre Situation in eine positive Richtung zu verändern? Integrieren Sie diesen Schritt in Ihren Tagesablauf.

Denken Sie nicht zu »groß«. Um sich aus der Krisenstarre zu lösen, könnte das beispielsweise sein: jeden Morgen in der Frühe zehn Minuten spazieren gehen. Wenn das zu viel erscheint, reduzieren Sie die Zeit oder beschließen, sich einfach nur die Jacke überzuziehen und kurz nach draußen zu gehen, um gleich wieder in die Wohnung zurückzukehren. Und das machen Sie dann jeden Morgen. Die Praxis zeigt, dass Sie nicht nur tatsächlich losgehen, sondern es auch meist nicht bei den zehn Minuten Spaziergang bleibt – wo Sie doch sowieso schon einmal draußen sind.

Erst wenn Sie das Gefühl haben, den ersten kleinen Schritt gemeistert zu haben, gehen Sie den zweiten kleinen Schritt an, dann den nächsten und so weiter.

Sie können den ersten Schritt schlicht erweitern oder sich einer anderen Aufgabe widmen, wenn diese ins Gesamtbild passt. Wichtig ist, dass Sie das Prinzip der Kleinheit und Mühelosigkeit beibehalten: Die Ziele sind so klein, dass sie nicht verfehlt werden können. Und nicht vergessen: Freuen Sie sich über Ihr Durchhalten, und belohnen Sie sich dafür.

Wenn das funktioniert hat und Sie das Gefühl, handlungsfähig zu sein, zurückgewonnen haben, gehen Sie die Lösung Ihrer wirklich großen Schwierigkeiten in genau derselben Weise an.

Sie können das Ziel, das Sie anstreben, in viele kleine Etappenziele herunterbrechen. Überprüfen Sie, während Sie diese verfolgen, immer wieder, ob der Prozess Ihrem Tempo entspricht und Sie nicht entmutigt oder frustriert. Wenn Sie gelangweilt sind, weil es allzu spielend funktioniert, stecken Sie Ihre Etappenziele höher. Nur hören Sie nicht auf. Irgendwann werden Sie wie Beppo Straßenkehrer das Ende der Straße erreicht haben!

Hirnforscher haben festgestellt: Wenn wir uns in einem Bereich überwinden und uns in Bewegung setzen, wirkt sich das erstaunlicherweise auch auf andere Bereiche aus, die mit Ersterem nicht in Berührung stehen. Wenn wir in einer akuten Krisensituation unsere Aufmerksamkeit auf etwas ganz anderes richten, uns diesem mit Hingabe widmen und unsere Fähigkeiten in kleinen Schritten entwickeln, scheint das unser Empfinden von Selbstwirksamkeit so zu stärken, dass wir uns auch unserem Problem kraftvoller zuwenden können. Darüber hinaus schafft das die nötige Distanz, um es mit mehr Objektivität zu betrachten und Lösungen zu erkennen, die vorher nicht sichtbar waren. Wenn wir Kaizen also erst anwenden, um uns zu stabilisieren, und dann, um die schwierige Situation zu lösen, kann das eine sehr wirkungsvolle Methode sein, um aktiv handelnd eine Verbesserung einzuleiten.

Sein Bestes geben

Nach dem Geheimnis ihres Erfolgs gefragt, geben erstaunlich viele Künstler, Spitzensportler oder Unternehmer zur Antwort: Beharrlichkeit. Ein Talent, eine Vision oder eine Mission sind wunderbare Dinge, doch erst Beharrlichkeit bringt sie zur Entfaltung. In schwierigen Situationen bedeutet sie eine enorme Ressource für Ihre Widerstandskraft. Mithilfe von Kaizen kultivieren Sie sie und können Ihre Probleme lösen, indem Sie einfach Schritt für Schritt Ihr Bestes geben. Nicht das Beste, was andere geben würden oder was ein besonders kluger Mensch geben würde, sondern einfach das Beste, was Sie in genau dieser Situation, in diesem Augenblick zu geben in der Lage sind.

Eine Geschichte von zwei Fröschen

Zwei Frösche fielen einst in einen Sahnetopf. Sie hatten natürlich mächtige Angst zu ertrinken und bemühten sich, an den Rand des Topfes zu paddeln, um herauszuhüpfen. Doch vergebens, die Sahne war zu dickflüssig, sie kamen nicht vom Fleck und gingen immer wieder unter. Beide Frösche spürten, wie ihre Kräfte schwanden. Der eine Frosch schließlich sah keinen Ausweg mehr: »Hier kommen wir nie heraus, es ist müßig, wir werden ertrinken. Ich kann nicht mehr, und ich will auch nicht mehr. Es hat doch sowieso keinen Zweck.« Sprach's und hörte auf zu paddeln. Er verschwand in der Sahne und wurde nie wieder gesehen.

Der andere Frosch rechnete sich ebenfalls wenige Chancen aus. Doch er war der Beharrlichere von den beiden und sagte sich: »Solange ich noch lebe, kann ich auch einfach weiterstrampeln.« Und so paddelte er weiter, rechtes Beinchen, linkes Beinchen … viele Stunden lang, in denen er dem Topfrand kein Stückchen näher kam. Bis er mit einem Mal merkte, dass die Konsistenz der Sahne sich verändert hatte: Durch das viele Strampeln hatte sie sich in Butter verwandelt. Der Frosch spürte Boden unter seinen Füßen, setzte zu einem großen Sprung an und hüpfte aus dem Topf.

Als Milton Erickson, der Begründer der Hypnotherapie, als Kind an Kinderlähmung erkrankte, konnte er sich nach dem Aufwachen aus dem Koma nicht mehr bewegen. Zu Anfang bestand sein Bestes darin, sich einfach nur vorzustellen, dass er seine Hände, Füße, Arme und Beine wieder bewegen konnte. Später wurden kleine Bewegungen daraus, und nach einem Jahr konnte er wieder laufen. Seine Beharrlichkeit und seine Bereitschaft, an jedem Tag sein Bestes zu geben, bewahrten ihn letztendlich vor der Schwerbehinderung. Auch in der Arbeit mit seinen Patienten soll er ihnen immer wieder kleine Schritte gezeigt haben, um ihr Leben positiv zu verändern.

In Japan gibt es einen Begriff für »das Beste geben«: *ganbaru*. Wie schon im Ikigai-Kapitel angedeutet, gilt es als wichtig für jeden Lebensbereich. Entscheidend ist, dass es nicht darum geht, der oder die Beste zu *sein,* sondern sein persönliches Bestes zu *geben,* was dann aber immer bedeutet: Es ist genug. Wir brauchen die Messlatte nicht noch höher zu legen, nach dem Motto »Irgendetwas geht noch«, sondern können uns entspannen. Darin liegt eine ebensolche Schönheit wie in unserer Bemühung, aus Scherben ein Kunstwerk zu erschaffen. Mag unser Bestes auch, von außen betrachtet, noch so gering sein, es wird immer Früchte tragen.

Der Samurai und der Spatz

Einst ritt ein mächtiger Samurai auf seinem Pferd durch den Wald. Aus Enttäuschung darüber, dass er gerade seine erste Niederlage erlitten hatte, wollte er sich das Leben nehmen. Wie sollte es weitergehen, nachdem er seine Ehre verloren hatte? Noch immer außer sich vor Wut und Scham stieß er laute Selbstanklagen aus, als er mit einem Mal etwas Kleines auf dem Weg vor sich entdeckte. Ein Spatz lag da und streckte seine winzigen Füßchen gen Himmel. »Was soll das? Geh mir aus dem Weg!«, brüllte der Samurai den kleinen Spatz an. »Ich kann nicht«, erwiderte der Spatz seelenruhig. »Wieso nicht? Kannst du nicht mehr fliegen?«, fragte der Samurai. »Doch, ich kann noch fliegen«, antwortete der Spatz, »aber ich habe gehört, dass heute der Himmel auf die Erde fallen soll. Ich will ihn mit meinen

Beinen auffangen.« Der mächtige Krieger wollte sich ausschütten vor Lachen. »Du kleiner Vogel willst den Himmel auffangen? Du könntest noch nicht einmal mich auffangen.« »Nun ja«, erwiderte der Spatz ungerührt, »man tut, was man kann.«

Klein beginnen, beharrlich einen Schritt nach dem anderen setzen und dabei sein Bestes geben, ohne sich durch überhöhte Ansprüche zu überfordern – das ist das Geheimnis von Kaizen und letztlich von allen erfolgreichen Unternehmungen, in welchem Bereich auch immer. So viel Gewicht östliche Lebenslehren auch auf das Geistige legen, so kann doch Handeln manchmal das wirksamste Hilfsmittel sein, um Blockaden zu lösen und schwierige Situationen zu überwinden.

結いまある

5. YUI MĀRU

Die Kraft der Zugehörigkeit

Die menschliche Eigenschaft,
die ich am liebsten verstärken würde,
ist die Empathie. Sie vereint uns in
einem friedlichen, liebenden Zustand.

STEPHEN HAWKING

Wir kehren noch einmal zurück auf die Inseln der Langlebigen, nach Okinawa im Süden Japans. Hier leben in mildem Klima etwa 1,3 Millionen Menschen, die das Gärtnern lieben, viel Gemüse essen, häufig Zeit im Freien verbringen, sich viel bewegen – und wissen, wie wichtig es ist, Ikigai zu haben. Was sie darüber hinaus besonders auszeichnet und was ebenfalls als Grund gilt, warum ihnen die Zeit nicht so viel anzuhaben scheint, ist ihr ausgeprägter Gemeinschaftssinn, den sie in zahlreichen gemeinsamen Aktivitäten pflegen. Jedem Einzelnen im jeweiligen Dorf oder Städtchen kommt eine besondere Rolle zu, um diesen Geist zu nähren und zu bewahren; so kümmern sich ältere Frauen beispielsweise um die spirituellen Zeremonien und die Gärten, ältere Männer um den Fischfang und das Organisieren von Festen, und auch Kinder werden bereits mit einbezogen. Wenn jemand einmal nicht auftaucht, sieht ein anderer nach, ob es ihm gut geht. Außerdem nehmen sich die Menschen, egal wie alt, sehr viel Zeit für das gemeinsame Spiel. Einsamkeit ist in Okinawa ein Fremdwort. Das ist der Geist von *yui māru,* was übersetzt etwa »Kreis von Menschen« oder »Zusammenarbeit« bedeutet.

Die gegenseitige Hilfe bezieht sich sogar auf finanzielle Unterstützung, falls diese notwendig sein sollte. In Okinawa hält man es für wichtig, ein *moai* zu haben, ein sicheres soziales Netzwerk, das in schwierigen Zeiten Hilfe garantiert. Das Besondere daran ist, dass dieses System allein auf freiwilliger Basis besteht und dass in keiner Weise staatlich eingegriffen wird. Obwohl es keine Verträge gibt, sollen Fälle von Missbrauch nicht bekannt sein. Solche Netzwerke oder Gruppen gibt es auch für die spirituelle Praxis und andere Bereiche.

> Wenn man selbst glücklich sein möchte,
> dann müssen auch die Menschen um einen herum
> glücklich sein. Das ist der Grund, weshalb man,
> wenn man sich für andere einsetzt,
> damit auch etwas für sein eigenes Glück tut.
>
> SHUNMYŌ MASUNO

Beim Lesen solcher Schilderungen erfasst einen leicht Wehmut, denn sie rühren an unser tief verankertes Bedürfnis nach Zugehörigkeit, das in unserer modernen Welt häufig zu kurz kommt.

Kürzlich stieß ich auf das Buch *Tribe: Das verlorene Wissen um Gemeinschaft und Menschlichkeit.* Sebastian Junger, ein preisgekrönter Journalist und Dokumentarfilmer, der sehr häufig in Kriegsgebieten im Einsatz war, berichtet darin von dem eigenartigen Phänomen, dass Menschen, die Katastrophen erleben, gleichzeitig ein ungeheures Gemeinschaftsgefühl entdecken, das so intensiv ist, dass sie sich später danach zurücksehnen. Das Gefühl, gebraucht zu werden, kann das Leiden an einer Situation nicht nur verringern, sondern vermittelt zudem eine tiefe Sinnhaftigkeit. Junger schreibt: »Entbehrungen machen dem Menschen nichts aus, er ist sogar auf sie angewiesen; worunter er jedoch leidet, ist das Gefühl, nicht gebraucht zu werden. Die moderne Gesellschaft hat die Kunst perfektioniert, den Menschen das Gefühl der Nutzlosigkeit zu geben. Es ist an der Zeit, dem ein Ende zu setzen.«

Was in solchen Katastrophenzeiten zum Vorschein kommt, ist – so Junger – das Gemeinschaftsgefühl unserer Ahnen, jener Jäger und Sammler, die in kleinen Verbänden ohne Autoritäten zusammenlebten. Charakteristisch für diese Art des Zusammenlebens war (und ist), dass Menschen ihre Energien überwiegend zum Wohl der Gemeinschaft und nicht nur im Eigeninteresse einsetzen. Unsere heutige Gesellschaft mit ihrer ungeheuren Vielzahl an Einzelinteressen, die individuell verfolgt werden, ist im Vergleich dazu »anti-human« – wenig Gemeinschaftssinn und viele Autoritäten lassen ein Gefühl von Rohheit entstehen, die dem Menschen nicht gut bekommt.

So bestechend Jungers Analyse ist, so verstörend ist sie auch. Denn die Zeiten solcher Gesellschaftsformen sind definitiv vorüber, und niemand von uns wünscht sich Katastrophen, um sie wiedererstehen zu lassen. Was wir brauchen, sind Möglichkeiten, diesen Geist in unser modernes Leben zu integrieren. Dass es im großen politischen Stil positive Folgen hat, zeigt ein Blick auf ein anderes Land. Dieses hat zwar, abgesehen davon, dass es von Meer umgeben ist, auf den ersten Blick wenig mit Okinawa gemeinsam, doch es lassen sich, was das Zusammenleben betrifft, ähnliche Werte finden.

Verbundenheit macht stark

Unter den vielen Statistiken, die jährlich zu allen möglichen Themen erstellt werden, ist eine immer besonders vergnüglich: Welches Land ist in diesem Jahr das glücklichste auf der ganzen Welt? Die Ergebnisse sind allerdings in ihrer Regelmäßigkeit fast ein wenig langweilig, denn die ersten Ränge werden grundsätzlich von den skandinavischen Ländern besetzt. Insbesondere die Dänen, die selbst von den Norwegern – den Bewohnern des glücklichsten Landes im Jahr 2018 – für die Glücklichsten gehalten werden, scheinen eine Menge richtig zu machen. Hier nur in kurzen Stichworten zusammengefasst, welche Gründe unter anderem dafür genannt werden: eine sehr gute soziale Absicherung, eine gleichmäßigere Vermögensverteilung als in anderen europäischen Ländern, viele Wohnprojekte, die das Gemeinschaftsgefühl stärken, und Werte, die das *Wir* über das *Ich* stellen; in Dänemark gilt es beispielsweise als peinlich, wenn jemand seinen Wohlstand oder Erfolg allzu sehr zur Schau stellt, man gibt sich lieber bescheiden.

Wenn man dann noch das »Hygge«-Gefühl an einem gedeckten Esstisch mit einer großen Runde netter Menschen in die Betrachtung hineinnimmt, ist das Geheimnis des dänischen Glücks nicht mehr so geheimnisvoll ...

Im ersten Kapitel wurde beschrieben, wie wichtig es ist, dass unser Bedürfnis nach Zugehörigkeit erfüllt wird, dass wir das Gefühl haben, Teil von etwas Größerem zu sein (siehe ab Seite 46). Die Art und Weise, wie das Bedürfnis gestillt wird, ändert sich im Lauf des Lebens, doch ihre Bedeutung für unser Wohlbefinden nicht. Die zunehmende digitale Vernetzung hat großartige Möglichkeiten geschaffen, auch über weite Entfernungen in Kontakt zu treten und zu bleiben, doch hat sie auch zu einer zunehmenden Anzahl an oberflächlichen Beziehungen geführt. Und da traditionelle Gemeinschaftsmodelle wie die Großfamilie immer mehr in Auflösung begriffen sind, ist es wichtiger als früher, aktiv den Anschluss an soziale Gruppen zu suchen und enge Beziehungen aufzubauen. Sich mit anderen zusammen einer gemeinsamen Sache, einem Projekt, das allen am Herzen liegt, zu widmen ist ein sehr guter Ansatzpunkt dafür. Wenn sich daraus ein Gefühl der Verpflichtung entwickelt, füreinander da zu sein und einander zu helfen, ist das eine gute Basis für eine Gemeinschaft.

Yui Māru kann man aber auch auf den kleinen Kern von Menschen beziehen, die uns nahestehen und durchs Leben begleiten – auf den »Inner Circle« sozusagen. Das können der Partner oder die Partnerin sein, die Familie und gute Freunde, Menschen, auf die wir uns voll und ganz verlassen können. In der Psychologie spricht man von »hochqualitativen Verbindungen«; in solchen

Beziehungen geht jeder auf den anderen ein, begegnet einander mit Wertschätzung, Aufmerksamkeit und Achtung. Man darf sich verletzlich zeigen und fühlt sich aufgehoben. In einer Studie las ich, jeder Mensch brauche in seinem Leben mindestens drei davon, was eigentlich überraschend wenige sind, wenn man es mit der Menge an »Friends« in den sozialen Medien vergleicht. Wenn das Leben einen so richtig durchschüttelt, sind genau diese Menschen aber diejenigen, die einen durch schwierige Zeiten tragen.

> Gib dich selbst an andere weg.
> Übergib dich dem Leben.
> Gib es auf, alles verstehen zu wollen.
> Gib dich nur einfach ganz.
>
> T'AO-SHAN

Das Kapitel »Yui Māru« steht nicht am Ende des Buches, weil es von geringerer Bedeutung als die anderen wäre. Im Gegenteil, in akuten Krisenmomenten gibt es nur eines, was wichtig ist: die Gemeinschaft suchen. Nicht allein mit seinem Unglück bleiben, sondern darüber reden, sprich, es teilen, und natürlich am besten mit dem engen inneren Kreis. Sollte dieser aus irgendwelchen Gründen nicht zur Verfügung stehen, können auch Therapeuten, Seelsorger, Coaches oder andere Menschen in beratender Tätigkeit diese Rolle eine Zeit lang übernehmen. In den USA nennt man das ganz pragmatisch »to rent a friend« (sich einen Freund mieten).

Doch indem man sich frühzeitig einen stabilen engen Kreis aufbaut, der da ist, wenn man ihn braucht, ist man in Krisenzeiten besser gewappnet. Wenn wir den Anspruch an uns stellen, allein mit unseren Erfahrungen klarzukommen, überfordert uns das. Wir sollten uns erlauben können, eine Zeit lang im Alltag nicht so gut zu funktionieren wie sonst und uns anderen in unserem Zustand der Hilflosigkeit »zuzumuten«.

> Menschen werden vergessen, was du sagst,
> und vergessen, was du tust,
> aber sie werden nie vergessen,
> welches Gefühl du ihnen vermittelt hast.
>
> MAYA ANGELOU

Hochqualitative Verbindungen können auch in kurzzeitigen Begegnungen entstehen, in Gesprächen mit vielleicht unbekannten Personen, in denen sich spontan all die oben genannten Qualitäten zeigen. Charakteristisches Merkmal ist, dass diese Begegnungen unsere Batterien aufladen, uns ein Gefühl von Lebendigkeit vermitteln. Bedingung ist einzig unsere Bereitschaft, uns zu öffnen; Gelegenheiten bietet uns das Leben immer wieder, wenn wir uns nicht gerade in unseren vier Wänden vergraben. Je mitfühlender, respektvoller und freundlicher wir generell anderen begegnen, umso eher schaffen wir die Voraussetzungen, dass in unserem Leben hochqualitative Verbindungen entstehen und gedeihen können.

Geben macht glücklich

Dass es guttut, anderen etwas Gutes zu tun, ist nicht neu; dieser Gedanke wird seit Jahrhunderten in Mythen, Literatur, Philosophie und Theologie formuliert. Relativ neu ist aber seine Bestätigung durch die Wissenschaft. Die renommierte Glücksforscherin Sonja Lyubomirsky führte mit ihren Kollegen zahlreiche Studien durch, in denen sie die Teilnehmer baten, über einen längeren Zeitraum hinweg an einem bestimmten Tag der Woche »fünf gute Taten« zu vollbringen. Das Ergebnis war eindeutig: Die Glückswerte aller Teilnehmer stiegen an. Es wurde nur eine Ausnahme festgestellt: Solche »guten Taten« dürfen nicht zur lästigen Pflicht werden, die einfach abgehakt werden, sondern sollten spontan und aus dem Moment heraus umgesetzt werden. Die möglichen Gründe für den positiven Effekt sind zahlreich. Eine der Ursachen mag darin bestehen, dass wir unser Leben als umso sinn- und wertvoller wahrnehmen, je hilfsbereiter wir sind. Lyubomirskys Studien haben beispielsweise auch gezeigt, dass ehrenamtliche Tätigkeit depressive Symptome verringern und die Glücksfähigkeit wieder steigern kann.

Die Almosenspeise

Nachdem Buddha unter dem Bodhi-Baum Erleuchtung gefunden hatte, reiste er jahrzehntelang barfuß durch Indien, um Menschen zu lehren, wie sie sich von ihrem Leiden befreien konnten. Als er die achtzig überschritten

hatte, merkte er immer deutlicher, dass seine Energie nachließ. Eines Tages erreichte er erschöpft ein kleines Dorf, um dort zu lehren, da bot ihm ein Schmied namens Cunda ehrerbietig und gastfreundlich eine Mahlzeit an. Buddha erkannte, dass die Speise verdorben war, wollte jedoch den Schmied nicht durch eine Ablehnung kränken und aß sie, obwohl er wusste, dass sie ihn krank machen würde. Als er dann wirklich heftige Schmerzen bekam und klar wurde, dass er sterben würde, bat er seinen Begleiter, die Selbstvorwürfe, die den Schmied plagen könnten, zu zerstreuen, indem er ihm sage, dass diese Almosenspeise, nach deren Genuss Buddha in die Einheit von allem zurückkehre, genauso wichtig sei wie die Almosenspeise, die er vor seinem Erwachen zu sich genommen habe.
Die letzten Momente seines Lebens verbrachte Buddha nicht mit Meditation, sondern in der mitfühlenden Sorge um einen Menschen, der, wenn auch unschuldig, seinen Tod verursacht hatte.

Adam Grant, einer der derzeit führenden Psychologen der USA, geht noch einen Schritt weiter, indem er das Geben auch als einen der wichtigsten Faktoren für den Erfolg in der Arbeitswelt herausstellt. Denn während im persönlichen Leben das Geben noch relativ alltäglich ist, heißt es im Arbeitsleben doch eher: Nur wer für sich selbst so viel wie möglich herausholt, bleibt oben, der Rest hat das Nachsehen. In der Reihe von Studien, in denen Grant mit seinen Kollegen zahllose Lebensläufe analysierte, ergaben sich jedoch erstaunliche Ergebnisse, die anderes belegen.

> Es scheint ein Gesetz des Lebens zu sein,
> dass wir uns dann am meisten bereichern,
> wenn wir uns selbst geben, ganz und gar
> und aus freien Stücken.
>
> **DAVID DUNN**

Adam Grant identifiziert drei Arten des Handelns. Das *Geber*-Etikett ist nicht für außergewöhnliche Helden und Heldinnen wie Mutter Teresa reserviert, sondern bedeutet einfach, die Interessen der anderen im Auge zu behalten, indem man sie unterstützt, ihnen Anerkennung erweist, sie betreut oder ihnen Kontakte vermittelt. Der Typ des *Tauschers* ist ebenfalls bereit, anderen einen Gefallen zu erweisen, stellt jedoch in Gedanken eine Rechnung und erwartet bei der nächsten Gelegenheit eine Gegenleistung. *Nehmer* schließlich haben vor allen Dingen ihren eigenen Vorteil im Blick. In der Erfolgspyramide, in die Grant seine Untersuchungsteilnehmer einordnete, fanden sich am unteren Ende vor allem Geber – was der gängigen Meinung entspricht, Altruismus bringe sowieso nichts. In der großen Mitte fanden sich bunt gemischt Nehmer und Tauscher. An der Spitze allerdings – und das ist die positive Überraschung – fanden sich durchweg Menschen des Geber-Typus.

Geber, die sich ausnutzen lassen, sich nicht genügend um sich selbst und ihre Bedürfnisse kümmern, werden tatsächlich mit den Folgen ihres Handelns in negativer Weise konfrontiert. Ansonsten aber stehen Geben und Erfolg in einem sehr positiven Zusammenhang. Adam Grant spricht von einem Welleneffekt, den Geber auslösen. Sie finden Wege, den Kuchen für alle zu vergrößern, und Menschen um sie herum profitieren davon.

Folgendes lässt sich über den Geist von Yui Māru festhalten: Es speist sich aus der Gewissheit, dass wir alle Teil eines Netzes von Verknüpfungen sind. Jeder von uns spielt eine wichtige Rolle in dem großen Ganzen, mag sie auch als noch so klein empfunden werden. Je mehr wir uns für die Gemeinschaft und für andere einsetzen, umso mehr Zufriedenheit schaffen wir für uns selbst und andere. Und gerade in schwierigen Zeiten erfahren wir, wie unglaublich unterstützend dieses Netz wirken kann.

Kleines Yui-Māru-Brevier

Die folgenden Anregungen basieren auf Erkenntnissen und Ratschlägen von führenden Psychologen. Sie erheben keinen Anspruch auf Vollständigkeit, doch stellen sie gute erste Schritte dar, um sich ein Netzwerk von Zugehörigkeit zu schaffen, das gedeiht.

Wie wir uns ein Netzwerk der Zugehörigkeit erschaffen:

» Suchen Sie aktiv den Anschluss an soziale Gruppen in Ihrem persönlichen Umfeld.

- Engagieren Sie sich zusammen mit anderen für eine gemeinsame Sache, und übernehmen Sie Ihre eigene Rolle darin (ganz egal, wie klein diese auch sein mag).
- Pflegen Sie achtsam und liebevoll Ihren »Inner Circle«.
- Schaffen Sie sich darüber hinaus Unterstützer-Zirkel für bestimmte Bereiche, die in Ihrem Leben eine wichtige Rolle spielen, beispielsweise für das Berufsleben.
- Seien Sie offen für das Knüpfen von neuen hochqualitativen Verbindungen. Davon kann man niemals genug haben.

Wie wir hochqualitative Verbindungen knüpfen:

- Lassen Sie sich offen, respektvoll und mitfühlend auf andere ein. Seien Sie dabei präsent und bejahend, und bekunden Sie Ihre Wertschätzung.
- Nehmen Sie sich Zeit für andere.
- Verhalten Sie sich unterstützend, hilfsbereit und loyal. Entdecken und üben Sie Ihre Geber-Qualitäten (wobei Sie aufmerksam für Ihre eigenen Grenzen bleiben).
- Experimentieren Sie mit dem Lyubomirsky-Klassiker: Vollbringen Sie an einem bestimmten Tag der Woche fünf gute Taten. Tun Sie das über einen Zeitraum von mehreren Wochen, und beobachten Sie, welchen Effekt das auf Sie selbst sowie auf Ihr Umfeld hat.
- Hören Sie zu. Schon der selige Dale Carnegie schrieb in seinem 1950er-Jahre-Klassiker *Wie man Freunde gewinnt,* dass der interessanteste Gesprächspartner nicht der mit den interessantesten Geschichten ist, sondern derjenige, der zuhört. So ist die

Aufmerksamkeit, die wir anderen widmen, eines der wertvollsten Geschenke, die wir ihnen machen können.

» Konzentrieren Sie sich bei anderen Menschen auf das Positive, das Sie wahrnehmen. Ideal ist das Verhältnis 5:1, also fünf positive Eigenschaften gegen eine negative. Aber selbst ein Verhältnis von 2:1 kann viel bewirken.
» Bleiben Sie neugierig. Auch wenn Sie meinen, alles über Menschen zu wissen, wird die Realität Sie immer wieder überraschen.
» Geben Sie sich und anderen Raum für spielerische Aktivitäten. Unternehmen Sie zusammen etwas, seien Sie fröhlich und ausgelassen miteinander. Das stärkt das Gefühl von Zugehörigkeit.
» Vergeben Sie. Auch wenn der andere es nicht verdient, auch wenn Sie ihm nie wieder die Hand schütteln werden – tun Sie es innerlich für sich selbst. So öffnen Sie sich für neue, positivere Erfahrungen.
» Und wenn Sie einmal kämpfen müssen: Kämpfen Sie mit fairen Mitteln, und nehmen Sie Friedensangebote an.

Mitgefühl und Freundlichkeit werden heute häufig als Schwäche oder überflüssige Emotionalität abgetan. Dabei sind sie alles andere als das: Sie sind der Kitt, der unsere Welt zusammenhält. Das sah auch der Astrophysiker Stephen Hawking so, dem man kaum Gefühlsduselei unterstellen kann; kurz vor seinem Tod warnte er, dass das Überleben der Menschheit davon abhänge, ob die Empathie sie retten könne. Die Gefahr einer immer weiter abnehmenden Fähigkeit zum Mitfühlen stufte er als höher ein als die von Klimakatastrophen. Und von immer mehr Seiten hört man den Aufruf, dass wir eine Rückkehr des wohlwollenden Umgangs miteinander brauchen.

Dabei belegt auch die moderne Hirnforschung den eigenartigen »Doppeleffekt« von Mitgefühl und freundlicher Zuwendung: Sie wirken sowohl auf den Spender als auch auf den Empfänger in positiver Weise. Wenn man uns freundlich und wertschätzend begegnet, bewirkt das eine Ausschüttung des Wohlfühlhormons Oxytocin – und wir verspüren inneren Frieden, Wärme und Freude (was übrigens auch bei der Praxis von Selbstmitgefühl eintritt, siehe ab Seite 52). Und wenn wir Mitgefühl für andere empfinden und ihnen gegenüber eine liebevolle Haltung einnehmen, werden in unserem Hirn Areale aktiviert, die mit zahlreichen positiven Effekten in Zusammenhang stehen, wie mit erhöhter Stresstoleranz und Immunabwehr sowie Gefühlen von Verbundenheit und Glück.

Das magische Senfkorn

Es war einmal eine Frau, deren einziger Sohn gestorben war. In ihrer Trauer und Verzweiflung suchte sie einen weisen Mann auf und bat ihn: »Sag mir, welche Gebete ich sprechen muss, damit mein Sohn wieder ins Leben zurückkehrt. Ich würde alles dafür tun.« Der Meister schaute sie lange still an und sagte dann: »Wenn es dir gelingt, ein Senfkorn zu finden, das aus einem Haus stammt, welches noch nie

von Trauer erfüllt war, so werde ich mithilfe dieses Senfkorns die Trauer aus deinem Leben vertreiben.«
Sogleich machte sich die Frau auf den Weg, um ein solches Haus zu finden. Als sie an einem schönen Anwesen mit großem Garten vorbeikam, dachte sie, dass an diesem Ort bestimmt noch niemals das Unglück Einzug gehalten hätte. Doch die beiden Eheleute, die ihr die Tür öffneten, antworteten ihr, dass sie erst vor kurzem ihre Tochter verloren hatten und noch immer wie gelähmt vor Trauer waren.
Die Frau empfand Mitgefühl, kannte sie den Schmerz doch selbst, und blieb eine Zeit lang, um sie zu trösten und zu unterstützen, bevor sie ihre Reise fortsetzte.
Auf ihrer Suche nach dem Senfkorn lief sie von einem Ort zum nächsten. Doch so sehr sie sich auch bemühte und in so vielen Häusern sie auch vorsprach – sie fand nirgendwo eines, in dem nicht irgendjemand aus irgendeinem Grund Trauer erfahren hatte. Jedes Mal nahm sie sich die Zeit, um den Menschen zuzuhören und ihnen Trost und Unterstützung zu spenden. Und eines Tages suchte sie den weisen Mann auf, um ihm dafür zu danken, dass ihre Trauer geheilt war.

In sich das Gefühl von Verbundenheit zu stärken, ist vor allem deshalb notwendig, weil in schwierigen Phasen leicht der Eindruck entstehen kann, allein auf einer einsamen Insel gestrandet zu sein. Der französische Arzt und Buchautor David Servan-

Schreiber erzählt, er habe nach seiner Krebserkrankung das Gefühl gehabt, dass es einen »Club der Lebenden« gebe und man ihm signalisierte, dass er nicht mehr Mitglied war. Er sah die Menschen um sich herum wie hinter Glas – er hatte Angst, nicht mehr zu ihrer Welt zu gehören. Ähnlich ergeht es Menschen, die ihren Job verlieren oder verlassen werden. Der Eindruck, dass alle um einen herum zufrieden, gesund und unbeschwert ihrem Tagwerk nachgehen, während man selbst in einer Art Paralleluniversum mit seinen Problemen kämpft, kann übermächtig werden.

> Schüler: »Ich bin so entmutigt. Was soll ich tun?«
> Soen Nakagawa: »Andere ermutigen.«
>
> ZEN-WEISHEIT

In diesen Situationen hilft nur, über seinen Schatten zu springen und die Hände auszustrecken, um sich unterstützen zu lassen. Und die Erfahrung zu machen, dass man Hilfe erhält, wenn man darum bittet. Denn auch wenn es so scheint, als würde aktuell die Neigung zu Egoismus und mangelndem Mitgefühl zunehmen, so ist das Bedürfnis zu helfen tief im Menschlichen angelegt. So kommt der Neurowissenschaftler Manfred Spitzer in einer Untersuchung zum Ergebnis, dass Menschen als Gemeinschaftswesen sich dadurch auszeichnen, dass sie nicht nur engsten Verwandten oder langjährigen Gefährten bereitwillig helfen, sondern auch Fremden. Und dass Gebende sich nicht nur wohler fühlen, sondern auch länger leben – wofür die Hundertjährigen in Okinawa das beste Beispiel sind …

Kintsugi ist nur denkbar in Verbindung mit anderen. Wenn der Kintsugi-Meister die Teeschale repariert und golden veredelt hat, gibt er sie an seinen Besitzer zurück, und der wiederum schenkt in ihr seinen Gästen Tee ein. So geht die Geschichte weiter. Und so sollten auch wir die Dinge nicht mit uns allein ausmachen, sondern mit anderen teilen. Später können wir unseren Unterstützern alles doppelt und dreifach zurückgeben, was uns zuteilwurde. John Donne hatte recht mit seinen berühmten Worten: Niemand ist eine Insel – auch und gerade in schwierigen Zeiten.

調和

Willkommen im neuen Leben

Gib dich dem hin, was ist, sage Ja zum Leben –
und schau, wie das Leben plötzlich beginnt,
für dich zu arbeiten anstatt gegen dich.

ECKHART TOLLE

Irgendwann ist dann der Tag gekommen: Wir treten nach dem Aufstehen mit unserem Kaffeebecher ans Fenster und merken, dass sich etwas verändert hat. Das Licht erscheint heller, die Farben leuchtender, die Welt freundlicher. Wir fühlen uns vielleicht erschöpft wie nach einer langen Reise, aber auch voller Zuversicht und Leichtigkeit. Es ist Zeit für einen Neuanfang, und wir verspüren eine unbändige Lust aufs Leben. Was hinter uns liegt, hat uns verändert, es hat Spuren hinterlassen, die sich wie feine goldene Linien durch unser Dasein ziehen. Doch verbergen müssen wir sie nicht, denn wir wissen, dass sie unserem Leben auf besondere Weise Schönheit und Tiefe verleihen.

Die Lebenshaltung von Kintsugi versöhnt Sie mit den Brüchen in Ihrem Leben und hilft Ihnen, schwierige Zeiten nicht nur heil zu überstehen, sondern daran zu wachsen. Alle vorgestellten Werkzeuge sind hilfreich, doch welches Sie besonders unterstützt, wird bei jedem Einzelnen anders aussehen. Unsere Leben sind viel zu individuell und einzigartig für Patentrezepte. Am besten versucht man es mit allen. Und möglicherweise ist es dann wie in dieser letzten Geschichte:

Der gesprungene Krug

Es war einmal ein Mann, der besaß zwei Wasserkrüge. Er hatte sie an den beiden Enden einer langen Stange befestigt, die er sich jeden Morgen über die Schulter legte, wenn er zum Fluss ging, um Wasser zu holen. Der eine Krug war vollkommen heil, durch den anderen jedoch zog sich ein tiefer Riss, weshalb der Krug immer nur noch halb voll war, wenn der Mann zu Hause ankam.

Der gesprungene Krug schämte sich sehr für seine Schadhaftigkeit. Eines Tages hielt er es nicht mehr aus und sagte zum Mann: »Ich bin doch nur eine Last für dich. Jeden Tag bekommst du nur halb so viel Wasser von mir, wie du es solltest.« Der Mann aber fragte: »Hast du nie die prachtvollen Blumen am Wegesrand bemerkt?« »Doch«, antwortete der Krug erstaunt. »Und hast du nicht auch bemerkt«, fragte der Mann weiter, »dass sie nur auf deiner Straßenseite wachsen? Als ich merkte, dass du einen Sprung hast, habe ich Blumen am Wegesrand gepflanzt, die du jeden Tag begossen hast. Es war gerade dein Sprung, der diesen wunderschönen Weg geschaffen hat.«

Wir leben in einer Zeit, die von Brüchen und Umbrüchen gezeichnet ist. Die politischen Lager driften auseinander, gesellschaftlich entwickeln sich neue Spaltungen, der Klimawandel sorgt für Unruhe, und selbst durch Europa, in der Vergangenheit ein Garant für Kontinuität und Sicherheit, ziehen sich Risse. Es erscheint immer schwieriger, das *chōwa* (調和), die Harmonie, zu bewahren. Gleichzeitig macht sich eine junge Generation auf, sich für neue Werte einzusetzen, um das Leben auf unserem Planeten weiterhin lebenswert zu machen, neue Modelle für ein gesünderes, friedlicheres Zusammenleben und Zusammenwirken werden gefunden. Nichts ist perfekt, und alles verändert sich immer. Und darin liegt auch Hoffnung.

Möglicherweise ist es gerade jetzt an der Zeit, Kintsugi zu entdecken und mehr Akzeptanz, Mitgefühl, Achtsamkeit, Miteinander und Versöhnung in unsere Welt zu bringen. Ich würde mich freuen, wenn Sie aus diesem Buch ein wenig Gold für Ihr Leben mitnehmen konnten, um es auf positive Weise zu verwandeln.

Quellenverzeichnis

Brown, Brené: *Die Gaben der Unvollkommenheit. Lass los, was du glaubst, sein zu müssen, und umarme, was du bist.* Bielefeld 2010.

dies.: *Verletzlichkeit macht stark. Wie wir unsere Schutzmechanismen aufgeben und innerlich reich werden.* München 2013.

Buettner, Dan: *The Blue Zones. Lessons for Living Longer From the People Who've Lived the Longest.* Washington 2008.

ders.: *The Blue Zones of Happiness. Lessons From the World's Happiest People.* Washington 2017.

Dietz, Matthias: *Wabi-sabi für Künstler, Architekten und Designer. Japans Philosophie der Bescheidenheit.* Berlin 2007.

Dogs, Christian: *Gefühle sind keine Krankheit. Warum wir sie brauchen und wie sie uns zufrieden machen.* Berlin 2017.

Frankl, Viktor E.: *... trotzdem Ja zum Leben sagen. Ein Psychologe erlebt das Konzentrationslager.* München 1982.

Gilot, Françoise/Malte Herwig: *Die Frau, die Nein sagt. Rebellin, Muse, Malerin.* Hollenstedt 2015.

Grant, Adam: *Geben und Nehmen. Erfolgreich sein zum Vorteil aller.* München 2013.

Harris, Russ: *Wer vor dem Schmerz flieht, wird von ihm eingeholt. Unterstützung in schwierigen Zeiten.* München 2013.

Jung, C. G.: *Briefe*. Hrsg. von Aniela Jaffé und Gerhard Adler. Erster Band. Olten 1972.

Junger, Sebastian: *Tribe. Das verlorene Wissen um Gemeinschaft und Menschlichkeit*. München 2017.

Jun'ichirō, Tanizaki: *Lob des Schattens. Entwurf einer japanischen Ästhetik*. München 2010.

Kabat-Zinn, Jon: *Gesund und stressfrei durch Meditation. Das große Buch der Selbstheilung*. Bern, München, Wien 1991.

Kagge, Erling: *Stille. Ein Wegweiser*. Berlin 2017.

Kempton, Beth: *Wabi-Sabi. Die japanische Weisheit für ein perfekt unperfektes Leben*. Köln 2019.

Kuhn, Sandy Taikyu: *Das Tao der Worte. Zen-Geschichten, die das Herz und den Geist bewegen*. Darmstadt 2013.

Lemke, Bettina: *Das kleine Buch vom Waldbaden. In Balance durch die Kraft der Natur*. München 2018.

dies.: *Ikigai. Den Sinn des Lebens im Alltag finden – Das Praxisbuch*. München 2017.

Löhndorf, Andrea: *Anleitung zum Pilgern. Ein Lebensbegleiter*. München 2010.

dies.: *Glück. Ein Lesebuch zur Lebenskunst*. München 2002.

Lyubomirsky, Sonja: *Glücklich sein. Warum Sie es in der Hand haben, glücklich zu leben*. Frankfurt 2008.

Maurer, Robert: *Kleine Schritte, die Ihr Leben verändern. Kaizen für die persönliche Entwicklung*. Kirchzarten 2009.

Miralles, Francesc/Héctor García: *Ikigai. Gesund und glücklich hundert werden*. Berlin 2016.

Mogi, Ken: *Ikigai. Die japanische Lebenskunst*. Köln 2018.

Murakami, Haruki: *Von Beruf Schriftsteller. Essays.* Köln 2016.
Neff, Kristin: *Selbstmitgefühl. Wie wir uns mit unseren Schwächen versöhnen und uns selbst der beste Freund werden.* München 2012.
Pieper, Georg: *Wenn unsere Welt aus den Fugen gerät. Wie wir persönliche Krisen bewältigen und überwinden.* München 2012.
Poschmann, Marion: *Die Kieferninseln. Roman.* Berlin 2017
Rilke, Rainer Maria: *Briefe an einen jungen Dichter.* Frankfurt 2007.
Saint-Exupéry, Antoine de: *Der kleine Prinz.* Köln 2015.
Sasaki, Fumio: *Das kann doch weg! Das befreiende Gefühl, mit weniger zu leben.* München 2018.
Schmid, Wilhelm: *Selbstfreundschaft. Wie das Leben leichter wird.* Berlin 2018.
Smith, Emily Esfahani: *Glück allein macht keinen Sinn. Die vier Säulen eines erfüllten Lebens.* München 2018.
Suzuki, Daisetsu Teitarō: *Leben aus Zen. Eine Einführung in den Zen-Buddhismus.* Bern, München, Wien 1987.
ders.: *Zen und die Kultur Japans.* Reinbek 1958.
ders./Erich Fromm/Richard de Martino: *Zen-Buddhismus und Psychoanalyse.* Berlin 1971.
Suzuki, Shunryū: *Zen-Geist, Anfänger-Geist. Unterweisungen in Zen-Meditation.* Bielefeld 1975.

Über die Autorin

Andrea Löhndorf beschäftigte sich schon während ihres Studiums mit östlichen Weisheitslehren und betreute zwanzig Jahre die Bereiche Östliche Lehren und Psychologie als Programmleiterin und Lektorin in renommierten deutschen Buchverlagen. Aus ihrem reichen Erfahrungsschatz weiß sie zauberhafte Geschichten zu erzählen, die psychologisches Wissen und poetisches Gespür vereinen. Andrea Löhndorf lebt heute als Lektorin, Übersetzerin und Autorin in Hamburg.

Poetisch, weise, berührend: Weisheiten

Gebunden, vierfarbig, 272 Seiten
ISBN 978-3-95803-134-0

Gebunden, vierfarbig, 304 Seiten
ISBN 978-3-95803-159-3

Haemin Sunims Bücher sind ein Geschenk an die Menschheit. Schlicht und mit ungeahnter Tiefe zeigt der buddhistische Mönch, wie man dauerhaftes Glück findet in einer Welt, die sich immer rascher verändert. Wunderschön und stimmungsvoll illustriert – Bücher, die man niemals mehr aus der Hand legen möchte.

www.scorpio-verlag.de

eines Mönchs über das, was wirklich zählt

Tischaufsteller mit Wire-o-Bindung
in attraktiver Geschenkbox
Durchgehend vierfarbig
24,00 € (D) / 24,70 € (A)
ISBN 978-3-95803-153-1

Dieser immerwährende Kalender inspiriert uns an 365 Tagen mit liebevollen Illustrationen und Weisheiten, die das Herz berühren. Sie geben uns Kraft und Impulse für den Tag und regen uns an, das Wunder des Augenblicks wieder mehr zu schätzen.

SCORPIO

Weisheitsgeschichten, die uns inspirieren

256 Seiten, Klappenbroschur mit Lesebändchen,
mit farbigen Illustrationen von Miroco Machiko,
ISBN 978-3-95803-315-3

Koreas Bestsellerautor Shiva Ryu gewährt uns mit seinen Geschichten Eintritt in eine Welt voller Weisheit und Schönheit des Lebens. Seine Erfahrungen, die er auf der Suche nach einer Antwort auf die Frage »Was wollte das Leben mir sagen?« machen durfte, bilden die Grundlage für seine klugen Erzählungen.

Dieses Buch ist eine Erinnerung daran, dass nichts auf der Welt ausschließlich schlecht ist und wir lernen können, das Gute im vermeintlich Schlechten zu erkennen.